楽しくなる!

ハピかわ
HAPPY KAWAII

イラストBook

双葉 陽・マンガ

池田書店

ワイ
ワイ
鳥《とり》越《ごえ》羽《は》澄《すみ》
うう…
最《さい》悪《あく》〜…
ぽつん…
クラス替《が》えで仲《なか》良《い》い子《こ》みんなとはなれちゃった…

他《ほか》の子《こ》はもう グループ作《つく》り始《はじ》め ちゃってるし…
はあ…
はーい みんな席《せき》についてー
ガラッ
みんな おはよう!
七《なな》海《み》 杏《あん》
今日《きょう》からみんなの 担任《たんにん》になる七海《ななみ》 杏《あん》です 産休《さんきゅう》の鈴木《すずき》先生《せんせい》の代《か》わりに 橘小《たちばなしょう》に来《き》ました!

わっ
新《あたら》しい先生《せんせい》だ～！
ざわ
ざわ
優《やさ》しそう！
ヒソ
案外《あんがい》こわかったりして～
ヒソ
ふふ
みなさんにわたしを知《し》ってもらうために
プリントを作《つく》ってきました！
今《いま》から配《くば》りますね
えー
プリント～？
かっ…

これからよろしくね!
名前《なまえ》
七海 杏
今年《ことし》の目標《もくひょう》
笑顔にあふれた
楽しい1年間にしたい!
お気《き》に入《い》り
好《す》きな食《た》べ物《もの》
パンケーキ
好《す》きなスポーツ
バレーボール
好《す》きなテレビ番組《ばんぐみ》
ドラマ&お笑い番組
わたしについて
好《す》きな教科《きょうか》
ぜんぶ!!
しゅみ
お料
みんなへ
こまったことがあったら
何でも相談してね!
みんなと
仲良くしたいな
かっ…
かわいい!!
このプリント!!
ガタッ

はっ
す！すみません…
すとん…
うふふ 気《き》に入《い》ってくれてうれしい！
先生《せんせい》ふだんからこういう風《ふう》にまとめるのが好《す》きなの
Todoリスト 4月
1年の予定をまとめる
お部屋のもよう変え
あたらしい映画を観る！
カーテンを新調する
4/15までに仕事の資料ていしゅつ！
ヘアカット
散歩お出かけ
家事休む
WISHリスト ～新生活～
良い香りに包まれる →アロマ →入浴剤
映画・アニメみる
わっ…！かわいい！

あの…! わたしもこういう風《ふう》に書《か》けるようになりたいです
七海《ななみ》先生《せんせい》…よかったら教《おし》えてもらえませんか?
もちろん!
これからよろしくね 鳥越《とりごえ》さん!

もくじ

レッスン 1 すてきな文字《もじ》の書《か》きかたを覚《おぼ》えよう！

いろんな文字《もじ》の書《か》きかた

レッスン2 イラストが上手《じょうず》になるコツを学《まな》ぼう！

レッスン3 世界《せかい》に1つ♥ ノートやグッズを作《つく》ろう!

登場人物《とうじょうじんぶつ》

日下部《くさかべ》 暖《のん》

好奇心《こうきしん》いっぱいで明《あか》るい性格《せいかく》。クラス替《が》えで友《とも》だち作《づく》りのタイミングを逃《のが》し落《お》ち込《こ》むが、イラストをきっかけに羽澄《はすみ》と友《とも》だちに。

鳥越《とりごえ》羽澄《はすみ》

だれにでもやさしいが、ちょっぴり内気《うちき》な女《おんな》の子《こ》。七海先生《ななみせんせい》や暖《のん》たちと出会《であ》って、少《すこ》しずつ自信《じしん》が持《も》てるようになっていく。

七海《ななみ》 杏《あん》先生《せんせい》

羽澄《はすみ》たちのクラス担任《たんとう》。かわいい文字《もじ》やイラストを描《か》くのが得意《とくい》で、羽澄《はすみ》にたのまれて描《か》きかたのコツを生徒《せいと》たちに教《おし》えていく。

如月《きさらぎ》莉々《りり》

勉強《べんきょう》も運動《うんどう》もできるクールな優等生《ゆうとうせい》。実《じつ》はあるアイドルのファンであることを爽《さや》日《か》に知《し》られ、推《お》し活《かつ》をきっかけにみんなと距離《きょり》をちぢめていく。

青葉《あおば》爽日《さやか》

まんがを読《よ》むこと＆《アンド》描《か》くことが好《す》き。休《やす》み時間《じかん》はいつも絵《え》を描《か》いて過《す》ごしていたが、暖《のん》たちと仲《なか》よくなり、少《すこ》しずつ影響《えいきょう》を受《う》けていく。

レッスン 1

すてきな文字《もじ》の書《か》きかたを覚《おぼ》えよう！

「自分《じぶん》の書《か》く文字《もじ》に自信《じしん》がない」

「かわいい文字《もじ》を書《か》けるようになりたい」

というあなたにぴったり！

かわいい&《アンド》おしゃれな文字《もじ》の書《か》きかたの

バリエーションを紹介《しょうかい》するよ。

お手本《てほん》を見《み》ながらたくさん練習《れんしゅう》してみてね。

はぁぁぁ…
日下部《くさかべ》 暖《のん》
初日《しょにち》…
人見知《ひとみし》り↓
あっっっ
あっ
だれとも しゃべれなかった
きっかけさえ つかめれば しゃべれる のになあ…
前《まえ》のクラス
とぼとぼ…
あーあ…
暗《くら》い子《こ》だと 思《おも》われてたら どうしよう～…

おはよー
おはよーっ
はい！ それじゃあ昨日《きのう》の宿題《しゅくだい》をうしろから回《まわ》して提出《ていしゅつ》してくださーい！
はい
おねがいします
ん…
えっ

音楽
何《なに》これ!? このノートめっちゃかわいいんだけど…!
ばっ
これ羽澄《はすみ》ちゃんが描《か》いたの？
う、うん昨日《きのう》…
先生《せんせい》にこういうの教《おし》えてもらって
たしかに昨日《きのう》
そんなことがあったような…

てれっ
ということで
わたしも参加《さんか》させてください！
ふふ
大《だい》かんげい！
じゃ
まずは字《じ》をきれいに書《か》く練習《れんしゅう》をしましょうか
何事《なにごと》も基本《きほん》が大事《だいじ》ってわけね！
よーし!!
そうそう!!
えっ
かわいい字《じ》を書《か》きたくて…
…
まずは正《ただ》しい書《か》きかたから！

ひらがなの書《か》きかた 1

きれいな文字《もじ》はゆっくり書《か》くことから！

きれいな文字《もじ》はバランスが大事《だいじ》。ていねいにゆっくり書《か》いてみよう！

あいうえお

×あ　ひらがなは曲線《きょくせん》が大事《だいじ》！

かきくけこ

×かき　頭《あたま》でっかちにならないように！

さしすせそ

×す　やや右上《みぎあ》がりがきれい！

たちつてと

文字《もじ》の大《おお》きさをそろえよう！

なにぬねの

×ぬ　文字《もじ》の中《なか》の空間《くうかん》が
つぶれないようにね

はひふへほ

×ほ　右下《みぎした》に重心《じゅうしん》がくるように
右下《みぎした》を長《なが》めに書《か》こう

まみむめも

1画目《かくめ》は中心《ちゅうしん》より左側《ひだりがわ》に
ゆっくり書《か》いてみよう

や○ゆ○よ

×きょうのよる　文字《もじ》の間《かん》かくは
均一《きんいつ》にして

らりるれろ

「い」に見《み》えない
ように気《き》をつけて

わ　を　ん

下《した》をそろえる

×を　まっすぐ下《した》におろす

「見本《みほん》をよく見《み》て」って、どこを見《み》るの？

「お」は1画目《かくめ》も2画目《かくめ》も
左上《ひだりうえ》から書《か》き始《はじ》めると
バランスがきれいだね

見本《みほん》を見《み》るときは、
文字《もじ》の書《か》き始《はじ》めと書《か》
き終《お》わりに注目《ちゅうもく》する
のがポイントだよ！

ひらがなの書《か》きかた 2

ゆる文字《もじ》は力《ちから》を抜《ぬ》いてリラックス

なかよしの友《とも》だちには、力《ちから》が抜《ぬ》けたリラックス感《かん》あるゆる文字《もじ》をチョイス♪

はひふへほ

ばぽ

だく点《てん》と半《はん》だく点《てん》は
大《おお》きめがかわいい♡

まみむめも

最後《さいご》まで書《か》かない

や　ゆ　よ

2画目《かくめ》は内側《うちがわ》に

らりるれろ

頭《あたま》でっかちに書《か》くのがポイント！

わ　を　ん

あいうえお

ハネない+はらわない！

かきくけこ

たて線《せん》は真下《ました》に、
よこ線《せん》は真《ま》よこに向《む》かって

さしすせそ

ゆるいカーブ

たちつてと

くるっとする部分《ぶぶん》は
あえてつぶして書《か》く

なにぬねの

こんなアレンジをしてもOK《オーケー》♪

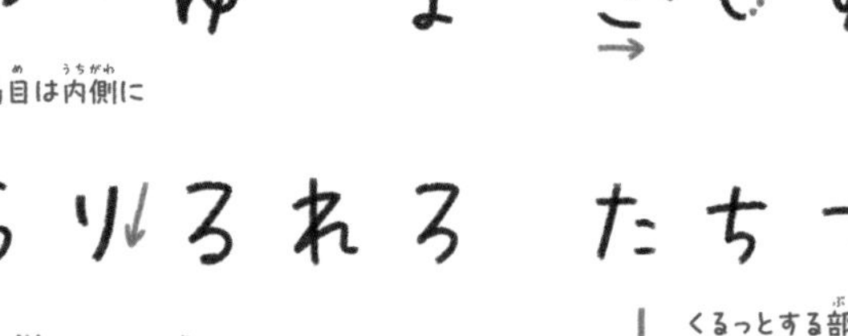

1 文字《もじ》を書《か》く

2 ①の線《せん》をかこむ。
書《か》き始《はじ》めや上《うえ》を太《ふと》めにしてね

3 好《す》きな色《いろ》で
ぬりつぶしたら完成《かんせい》！

ひらがなの書《か》きかた 3

今《いま》っぽい丸文字《まるもじ》でかわいさアピール♥

かわいい雰囲気《ふんいき》を演出《えんしゅつ》したいときは、コロンとした丸文字《まるもじ》に挑戦《ちょうせん》！

はひふへほ

あいうえお

線《せん》はすべてハネない＆《アンド》はらわない

まみむめも

かきくけこ

風船《ふうせん》のようにふくらまして書《か》こう

\\やっほー♡//

強調《きょうちょう》したい言葉《ことば》などで使《つか》ってみて

や ゆ よ

さしすせそ

最後《さいご》まで書《か》かない

らりるれろ

頭《あたま》でっかちに書《か》こう

たちつてと

なあに??

大《おお》きさを同《おな》じにそろえて

重心《じゅうしん》を低《ひく》くして

わ を ん

なにぬねの

昔《むかし》と今《いま》の丸文字《まるもじ》の違《ちが》いは？

昔《むかし》

独特《どくとく》な線《せん》の使《つか》いかた

重心《じゅうしん》は下《した》

書《か》き始《はじ》めはあえて書《か》かない

かわいい まるもじ

今《いま》

かわいい まるもじ

ハネない+はらわない

重心《じゅうしん》は上《うえ》

最後《さいご》まで書《か》かない

昔《むかし》も今《いま》もある丸《まる》文字《もじ》。でも時代《じだい》によって、はやりのスタイルが少《すこ》し違《ちが》っているよ！

ひらがなの書《か》きかた4

レトロ風《ふう》の書体《しょたい》でロマンティックに

レトロ文字《もじ》は、パッと目《め》を引《ひ》くタイトルやロゴなどにもぴったり♪

ぱぴ　だく点《てん》と半《はん》だく点《てん》はくっつけたり、
たてに並《なら》べたりしても◎

はひふへほ

いうえ　つなげると
はんなりレトロ

あいうえお

点《てん》を「●」で書《か》くと
アクセントに　え

まみむめも

かきくけこ

やむ　点《てん》を「◆」で
書《か》くのもグッド

や　ゆ　よ

さ　つなげなくてもOK《オーケー》！

さしすせそ

こんなアレンジも　れよ

らりるれろ

くるっとしてもおもしろい　そと

たちつてと

たに　「こ」は線《せん》を太《ひと》くしたり、
つなげて書《か》いたりしても

わ　を　ん

なにぬねの

文字《も じ》の書《か》きかた

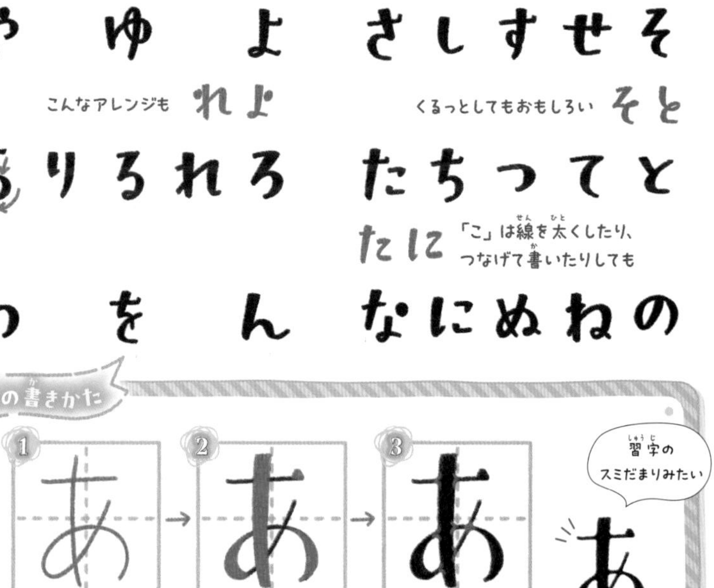

文字《もじ》を書《か》く

たて線《せん》を太《ふと》くする。
よこ線《せん》にうろこをつけてもOK《オーケー》

線《せん》が交差《こうさ》しているところに
「◆」を書《か》きたす

カタカナの書《か》きかた 1

二重線《にじゅうせん》で文字《もじ》にアクセントをつけてみよう

一番長《いちばんなが》い線《せん》だけ二重《にじゅう》に書《か》くと、スマートな印象《いんしょう》になるよ！

ハ ヒ フ ヘ ホ　　ア イ ウ エ オ

こんなアレンジも ホ　　たて長《なが》めがかわいい

マ ミ ム メ モ　　カ キ ク ケ コ

× マ 二重線《にじゅうせん》の部分《ぶぶん》を長《なが》く書《か》くのがコツ　　ケ やりすぎ注意《ちゅうい》

ヤ ユ ヨ　　サ シ ス セ ソ

うろこをつけても OK《オーケー》 レ　　ここでやめておく！

ラ リ ル レ ロ　　タ チ ツ テ ト

ラ ウエーブにしてもおもしろい！

「ソ」と区別《くべつ》するために真横《まよこ》にしても OK《オーケー》

× なるべく平行《へいこう》に書《か》こう

ワ ヲ ン　　ナ ニ ヌ ネ ノ

たまに太線《ふとせん》の文字《もじ》をまぜるとおしゃれ

こんなアレンジをしてもOK《オーケー》♪

線《せん》ごとに文字《もじ》の色《いろ》を変《か》えたり、同《おな》じ色《いろ》で線《せん》の本数《ほんすう》を増《ふ》やしたりするのもおすすめ！

●● パープル×水色《みずいろ》でレトロおしゃれなムードに♪

メリーゴーランド

●●● 赤《あか》い 3 本線《ぼんせん》が水引《みずひき》みたいに見《み》えてはなやか☆

オメデトウ

カタカナの書《か》きかた 2

エモ文字《もじ》は今《いま》っぽいおしゃれな雰囲気《ふんいき》★

あえて線《せん》と線《せん》の間《あいだ》をはなして、抜《ぬ》けをつくるとおしゃれにキマる！

ハヒフヘホ

あえてくっつけないのがおしゃれ

アイウエオ

ななめを意識《いしき》しよう

マミムメモ

すきあらば
くるっとさせて

カキクケコ

走《はし》り書《が》きのように線《せん》と線《せん》をくっつける

ヤ ○ ユ ○ ヨ

余白《よはく》が大事《だいじ》だよ

サシスセソ

思《おも》いきりが大事《だいじ》!

ラリルレロ

タチツテト

ル
最後《さいご》の文字《もじ》は線《せん》を
思《おも》いきりのばすと◎

ワ ヲ ン

ナニヌネノ

文字《もじ》の書《か》きかた

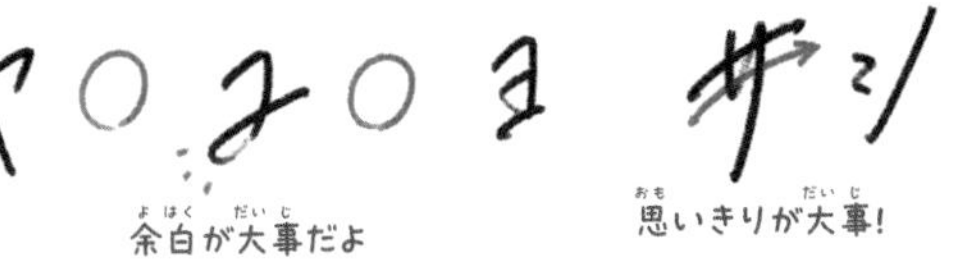

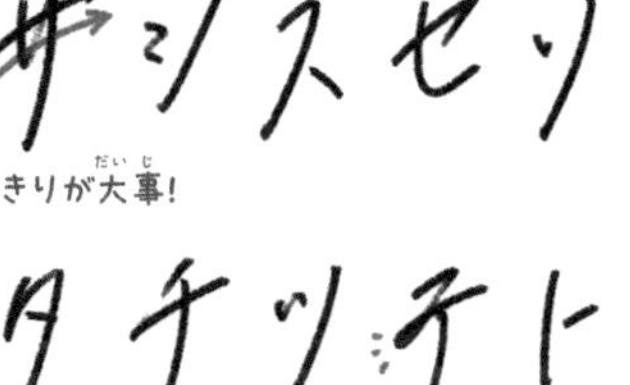

1文字目《もじめ》をいちばん大《おお》きく＋最後《さいご》の文字《もじ》の線《せん》を
のばして書《か》くと、おしゃれな雰囲気《ふんいき》に！

カタカナの書《か》きかた 3

レトロモダン風《ふう》は強弱《きょうじゃく》とシルエットがカギ

レトロモダンな文字《もじ》を書《か》くときは、 線《せん》の強弱《きょうじゃく》と四角《しかく》いシルエットを意識《いしき》して。

半《はん》だく点《てん》は
右下《みぎした》に書《か》いても OK《オーケー》

ハヒフヘホ　アイウエオ

プ ポ
四角《しかく》っぽいシルエットにする

たては太《ふと》く　ななめは三角《さんかく》に
よこは細《ほそ》く

マミムメモ　カキクケコ

ム 線《せん》を下《した》に出《だ》さない
アレンジも◎

上《うえ》をニョキッと出《だ》す

ヤ　ユ　ヨ　サシスセソ

「コ」の形《かたち》は四角《しかく》すぎるから右上《みぎうえ》を
なめらかなカーブにしてやわらかさを出《だ》す コ

△ ○ カーブは
下《した》までがまん

ラリルレロ　タチツテト

「ク」と区別《くべつ》するために
線《せん》を出《だ》さない

上《うえ》を細《ほそ》くする

ワ　ヲ　ン　ナニヌネノ

広《ひろ》く空《あ》ける

こんなアレンジをしてもOK《オーケー》♪

クリームソーダのシュワ
シュワ感《かん》などを文字《もじ》
で表現《ひょうげん》。文字《もじ》の一部《いちぶ》を
イラストっぽくしても。

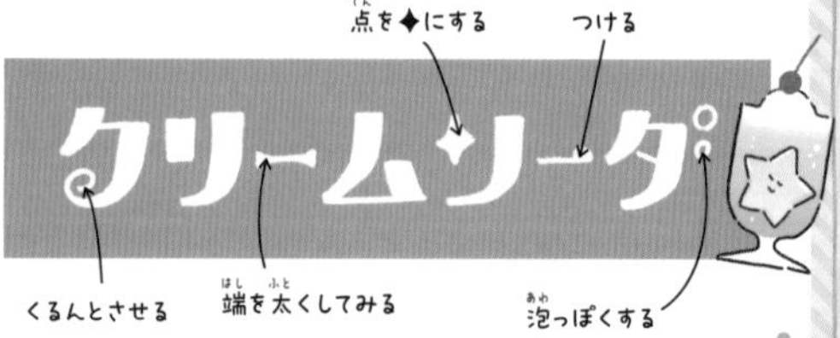

カタカナの書《か》きかた 4

「丸《まる》」だけで書《か》くとポップ&《アンド》キュートに

丸《まる》をつなげたり、重《かさ》ねたりするだけでかわいい文字《もじ》に！

丸《まる》をつなげて書《か》くだけ

丸《まる》を重《かさ》ねて書《か》く

角《かど》に「●」がくるようにする

書《か》き始《はじ》めを大《おお》きめにする

先《さき》に交点《こうてん》に丸《まる》を書《か》いてうめるよ

「シ」は丸《まる》をたてに、「ツ」はよこにならべる

「ソ」と「ン」は丸《まる》が下《した》に向《む》かって小《ちい》さくなるか、大《おお》きくなるかで書《か》き分《わ》けて

こんなアレンジをしてもOK《オーケー》♪

こまった様子《ようす》をくるくる線《せん》で表現《ひょうげん》

やわらかい雰囲気《ふんいき》にはドットがぴったり

書《か》きかたは似《に》ているけど、雰囲気《ふんいき》が少《すこ》し違《ちが》うね。シーンやイラストに合《あ》わせて使《つか》い分《わ》けて！

アルファベットの書《か》きかた1

スマートな書体《しょたい》でクールに大人《おとな》っぽく♪

スマートにしあげたいときは、細長《ほそなが》く書《か》いてみよう。

細長《ほそなが》く書《か》いて
スマートに!

1/3 ラインを意識《いしき》して書《か》こう

A B C D E F G H I

J K L M N O P Q R

HAPPY

ゆるいカーブ

S T U V W X Y Z

S S くっきり
カーブでもOK《オーケー》

a b c d e f g h i

a でもOK《オーケー》

たて線《せん》をひょろっと長《なが》めに

g お好《この》みでくるっと
させても

j k l m n o p q r

j

s t u v w x y z

study

くるっとさせても、
ななめにのばしてもOK《オーケー》

y y

アルファベットの書《か》きかた2

丸《まる》みを強調《きょうちょう》して温《あたた》かい雰囲気《ふんいき》に★

ほっこり温《あたた》かい雰囲気《ふんいき》を出《だ》したいときは、角《かど》をつくらずに丸《まる》みをつけて書《か》いて。

なるべく丸《まる》く　正方形《せいほうけい》をイメージして

A B C D E F G H I

線《せん》をくっつけないのがあかぬけポイント!

あえてずらして

J K L M N O P Q R

気持《きも》ちななめ
くらいがかわいい

なるべく丸《まる》く!

S T U V W X Y Z

たて線《せん》も
短《みじか》めに

a b c d e f g h i

ぜんぶ同《おな》じ高《たか》さにするよ

\kawaii♡/

j k l m n o p q r

線《せん》と線《せん》をはなす

s t u v w x y z

気持《きも》ちななめにする

コロンとしたイメージで
四角《しかく》におさめるように

アルファベットの書《か》きかた3

"ずらし線《せん》"で文字《もじ》に立体感《りったいかん》を出《だ》す！

立体感《りったいかん》を出《だ》すときは、少《すこ》しずらして文字《もじ》に影《かげ》をつけてみて。

立体《りったい》にしやすいよう
太字《ふとじ》で書《か》こう

○A △A 太《ふと》さは均一《きんいつ》に、
よこは平行《へいこう》に

A B C D E F G H I

G 入《い》り組《く》んでいる
ところは無理《むり》に
書《か》かなくてOK《オーケー》

J K L M N O P Q R

ななめ部分《ぶぶん》は幅《はば》を
細《ほそ》めにしよう

S T U V W X Y Z

a b c d e f g h i

a こっちの形《かたち》でもOK《オーケー》

g もちろん
こっちの形《かたち》でも

j k l m n o p q r

mno 文字《もじ》が近《ちか》いときは
立体《りったい》をくっつけても◎

s t u v w x y z

アルファベットの書《か》きかた4

ぽってり感《かん》が目《め》を引《ひ》くキュートな書体《しょたい》♥

ぽってりしたシルエットは、まるで生《なま》クリームのよう♪

A B C D E F G H I

幅《はば》は均一《きんいつ》に

曲線《きょくせん》は無理《むり》に一気《いっき》に書《か》かず、休《やす》み休《やす》み書《か》こう

J K L M N O P Q R

幅《はば》が均一《きんいつ》になるよう内側《うちがわ》を書《か》いてね

S T U V W X Y Z

ところどころ線《せん》をはなして書《か》いてみて

a b c d e f g h i

j k l m n o p q r

つやを出《だ》すアレンジも♡

ぷっくり感《かん》を出《だ》したいときはあえて中心《ちゅうしん》を点《てん》にしても◎

s t u v w x y z

数字《すうじ》の書《か》きかた

シーンに合《あ》わせて使《つか》い分《わ》けて♪

書《か》くことが多《おお》い数字《すうじ》は、シーンに合《あ》わせて書《か》きかたをくふうしてみてね！

たての線《せん》を太《ふと》めに書《か》くと、
クラシカルな印象《いんしょう》の文字《もじ》になるよ!

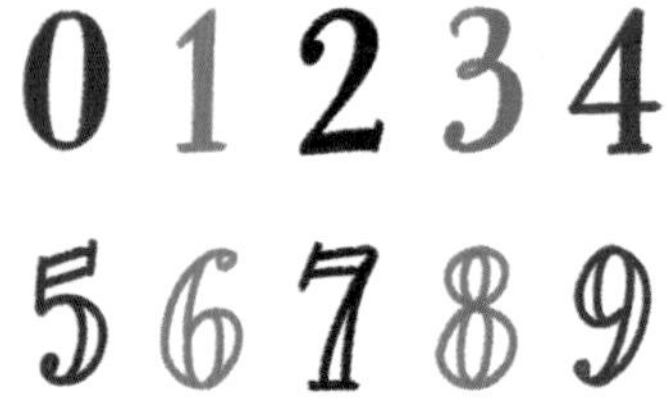

ふくろ文字《もじ》はぬりつぶしたり、
立体《りったい》にしたり、いろいろ遊《あそ》んでみよう

誕生日《たんじょうび》のメッセージなどに大活《だいかつ》やくする
バルーン&《アンド》キャンドル文字《もじ》☆

イベントや季節《きせつ》に合《あ》わせた形《かたち》の
ガーランドで、数字《すうじ》をならべよう

すっきりした線《せん》で大人《おとな》っぽい
クールな雰囲気《ふんいき》を演出《えんしゅつ》してみて

ぷっくりしたシルエットに顔《かお》をつけて
とことんキュートに♡

記号《きごう》の書《か》きかた

変化《へんか》をつけて文字《もじ》のアクセントに

よく使《つか》う記号《きごう》や絵文字《えもじ》もバリエーションをつけてみよう！

ビビッドな蛍光《けいこう》カラーやしましま模様《もよう》で
注目度大《ちゅうもくどだい》！ 視線《しせん》を集《あつ》めたいときにおすすめ

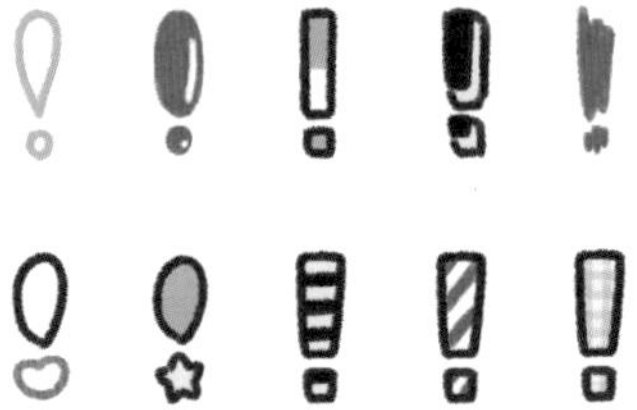

もこもこの線《せん》で書《か》いてみたり、
♡や☆をまぜたりしてもかわいいね！

アイコンやマーク風《ふう》にしてみたり、
おどろいた顔《かお》をつけて書《か》いたりしても◎

ふきだしをつけるとマンガ風《ふう》になるよ。
小《ちい》さな「?」を３つならべるのも手《て》

カラーペンやマーカーなどで
ふちどりするだけでも、こった印象《いんしょう》になるね！

手紙《てがみ》やメッセージのスペースに散《ち》らして、
にぎやかにしてもかわいい♪

少《すこ》しの工夫《くふう》でグッとおしゃれに！

いろんな文字《もじ》の書《か》きかた

日常《にちじょう》でよく使《つか》う言葉《ことば》をかわいく書《か》けるコツを紹介《しょうかい》するよ♪
いろんな文字《もじ》の書《か》きかたを学《まな》んじゃおう！

ふくろ文字《もじ》で書《か》く

書《か》きかたのコツ

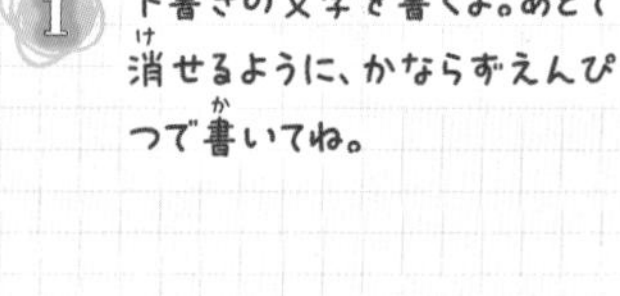

1 下書《したが》きの文字《もじ》を書《か》くよ。あとで消《け》せるように、かならずえんぴつで書《か》いてね。

2 好《す》きな色《いろ》のペンを使《つか》って①で書《か》いた文字《もじ》を1文字《もじ》ずつかこんでいくよ。

3 ペンのインクがかわいたのを確認《かくにん》し、最後《さいご》に消《け》しゴムで①の文字《もじ》を消《け》して完成《かんせい》！

ハートでドキドキ感《かん》をアピール♡

蛍光《けいこう》ペンでふちどりしても!

文字《もじ》ごとに色《いろ》を変《か》えてみよう

文字《もじ》どおしをつなげるテクニックも!

マーカーペンの上《うえ》から文字《もじ》を書《か》いても◎

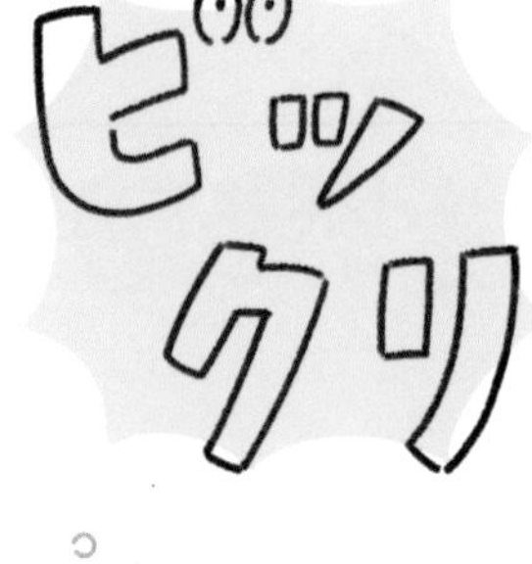

影《かげ》をつけて書《か》く

書《か》きかたのコツ

1 影《かげ》をつけたい文字《もじ》を書《か》くよ。線《せん》は少《すこ》し太《ふと》めに書《か》くのがおすすめ！

2 好《す》きな色《いろ》のペンで、①で書《か》いた文字《もじ》の右側《みぎがわ》と下《した》に影《かげ》をつけていくよ。

3 ①の文字《もじ》と②でつけた影《かげ》をつなげたら完成《かんせい》（黄色《きいろ》の線《せん》でしめした部分《ぶぶん》）！

たての線《せん》にだけ影《かげ》をつけるとより立体的《りったいてき》に

4 影《かげ》の部分《ぶぶん》をぬりつぶして完成《かんせい》！

余白《よはく》をつけずに
線《せん》で影《かげ》をつけても
いいね

ごめんね

Sorry

BOOK

影《かげ》を３色《しょく》で書《か》くのも
おもしろい!

LIST

ななめの線《せん》で影《かげ》を
書《か》いてみよう

NOTE
BOOK

ドットで影《かげ》を
つける方法《ほうほう》も
あるよ

PEN

つぶして書《か》く

友情

友情

書《か》きかたのコツ

えんぴつでよこ長《なが》の長方形《ちょうほうけい》のマス目《め》を書《か》いて。次《つぎ》にマス内《ない》におさまるように上《うえ》から好《す》きなペンで文字《もじ》を書《か》くだけ!

2色使《しょくづか》いも
イイカンジ♪

たて線《せん》を太《ふと》く、
よこ線《せん》を細《ほそ》くして
メリハリをつける!

旅行

家族

上半分《うえはんぶん》だけ色《いろ》を
ぬってみたよ

時間

テスト

のばして書《か》く

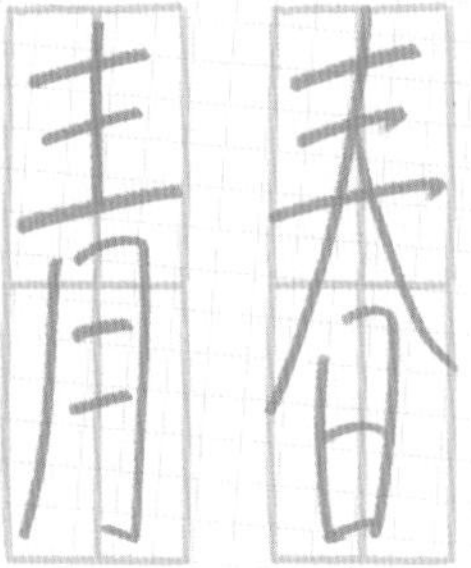

書《か》きかたのコツ

基本《きほん》の書《か》きかたはP36と同《おな》じ。えんぴつでたて長《なが》の長方形《ちょうほうけい》のマス目《め》を書《か》いて、上《うえ》から好《す》きなペンでマス内《ない》に文字《もじ》を書《か》こう♪

たての線《せん》だけ色《いろ》を変《か》えてみよう

赤《あか》い矢印《やじるし》のところを思《おも》いきりのばして

ななめの線《せん》だけ太《ふと》く書《か》いても

書《か》きかたのコツ

線《せん》にそって書《か》く

1 文字《もじ》を書《か》きたいところに補《ほ》助線《じょせん》を引《ひ》くよ。補助線《ほじょせん》は定規《じょうぎ》なしでOK《オーケー》!

2 半円《はんえん》から垂直《すいちょく》に補助線《ほじょせん》を引《ひ》き、線《せん》に合《あ》わせて文《も》字《じ》を書《か》こう。

すえひろがりの補助線《ほじょせん》で文字《もじ》をだんだん大《おお》きく

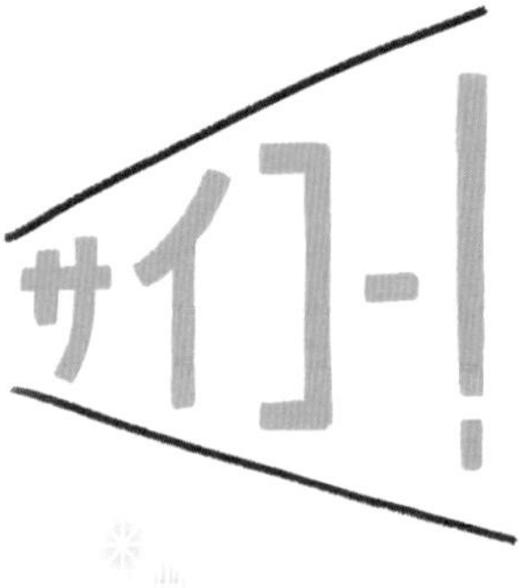

カーブをつけて書《か》いてもユニーク

文字数《もじすう》が多《おお》い
ときは補助線《ほじょせん》も
長《なが》めに

補助線《ほじょせん》を流《なが》れ星《ぼし》の
イラストにしても◎

補助線《ほじょせん》の
中心《ちゅうしん》から線《せん》を
のばしてみて

フレームをつけて書《か》く

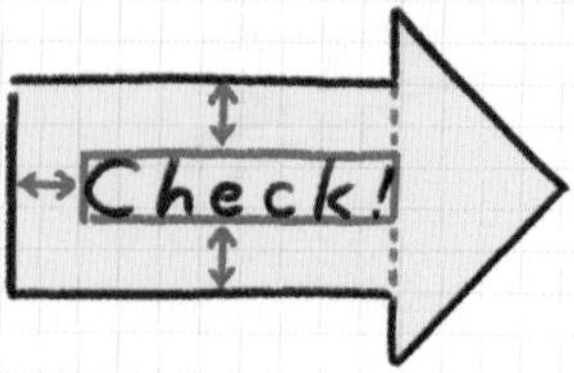

書《か》きかたのコツ

目《め》立《だ》たせたい文《も》字《じ》にはフレームをつけて。フレームと文《も》字《じ》の余《よ》白《はく》は均《きん》一《いつ》にするのがコツだよ♪

わくを描《か》いたあとに
模《も》様《よう》をつけて、
文《も》字《じ》を書《か》き足《た》して

黒《くろ》ペンで描《か》いた
あとに色《いろ》を足《た》すと
描《か》きやすいよ！

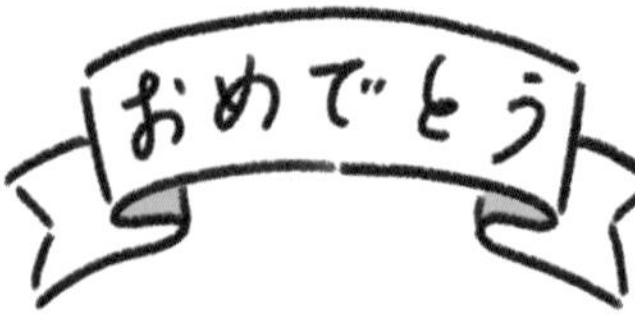

文字《もじ》に合《あ》わせて
とことん
ガーリーに♡

リングノート風《ふう》の
フレームはアイコン
としても使《つか》えるね

単語《たんご》カードや
指《ゆび》さしイラストで
勉強《べんきょう》モードON《オン》！

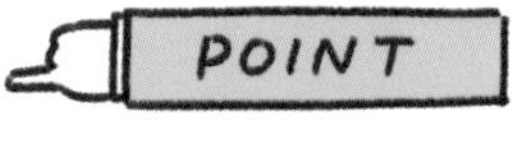

書《か》きかたのコツ

重《かさ》ねて書《か》く

ドリーム ドリーム

1 複数《ふくすう》の色《いろ》を重《かさ》ねて文字《もじ》を書《か》くときは、先《さき》にうすい色《いろ》で文《も》字《じ》を書《か》いておこう。

2 ①の文字《もじ》に重《かさ》ねるように、上《うえ》からこい色《いろ》のペンで書《か》くだけで完成《かんせい》！

黄色《きいろ》で文字《もじ》を書《か》いて、ピンクのペンで重《かさ》ねて

サンキュー

上《うえ》から白《しろ》いペンで重《かさ》ねて書《か》いても◎

オメデトウ

書体《しょたい》を変《か》えて重《かさ》ねるとおしゃれ！

FOR YOU

for you

COSME

花《はな》の形《かたち》に文字《もじ》を
重《かさ》ねてみよう

FLOWER

黒《くろ》×蛍光《けいこう》ペンの
組《く》み合《あ》わせで
クールに

MOVIE

LIVE

大《おお》きくずらして
重《かさ》ねるのもあり

目標

ヤッホー

太《ふと》いマーカーなら
ボーダーもかんたん！

書《か》きかたのコツ

重《かさ》ねて書《か》く

1 文字《もじ》にイラストをそえたいときは、文字《もじ》のまわりのスペースをあけておこう！

2 文字《もじ》に近《ちか》いところから描《か》くと◎。バランスを見《み》ながらイラストを足《た》していって。

推《お》し活《かつ》にぴったりなうちわのイラスト☆

誕生日《たんじょうび》は
大《おお》きなケーキで
お祝《いわ》いしよう

おこづかい日《び》の
アイコンに
ぴったり♪

色《いろ》はあえてはみ出《だ》して
ぬってもおしゃれ♪

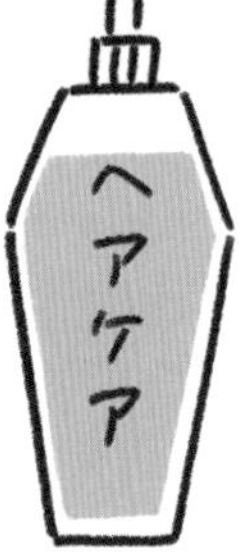

ヘアケアを
がんばった日《ひ》の
目印《めじるし》に☆

書《か》きかたのコツ

2色《しょく》使《づか》いで書《か》く

ハッピーピンクとハッピーイエロー
●×●

1 2色《しょく》を使《つか》いたいときは、1文《も》字《じ》ずつ色《いろ》を変《か》えてみて。文字《もじ》のイメージにあった色《いろ》を選《えら》ぶと雰囲気《ふんいき》が出《で》ておすすめ☆

2 ♪や♡などかんたんな記号《きごう》やちょっとしたイラストをそえてもかわいいよ。

●● かなしみの
ジメジメカラー

●● 冷静《れいせい》になれる
いやしカラー

●● びっくり感《かん》を引《ひ》き立《た》てる
注目《ちゅうもく》カラー

ゴールドの質感《しつかん》を表《あらわ》す
黄金《おうごん》カラー

暖色《だんしょく》でまとめた
ハートフルカラー

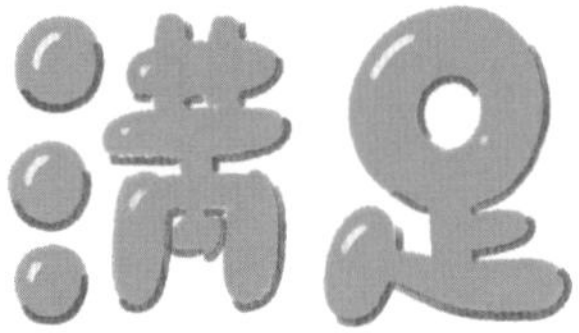

リラックスした印象《いんしょう》の
かんげいカラー

白《しろ》でキラキラ感《かん》を演出《えんしゅつ》した
グリッターカラー

ハッキリした黒《くろ》で
しっかり伝《つた》わるヘルプカラー

魔法使《まほうつか》いのオーラを
再現《さいげん》した魔法《まほう》カラー

書《か》きかたのコツ

カラフルに書《か》く

1 文字《もじ》をカラフルに書《か》きたいときは、1文字《もじ》ずつ色《いろ》を変《か》えるとにぎやかになるよ！

2 色《いろ》の明《あか》るさをそろえると、違《ちが》う色《いろ》でも統一感《とういつかん》を出《だ》すことができておすすめ♪

イエローをアクセントにしたかっこいいカラー

ノスタルジックな雰囲気《ふんいき》の昭和《しょうわ》レトロカラー

夢見《ゆめみ》る女《おんな》の子《こ》のドリーミーカラー

パステルでガーリーに
まとめた乙女《おとめ》カラー

ほっこりした印象《いんしょう》になる
チェックカラー

あざやかなブルーを
ポイントに使《つか》ったネオンカラー

お好《この》みのトッピングで
デコるスイーツカラー

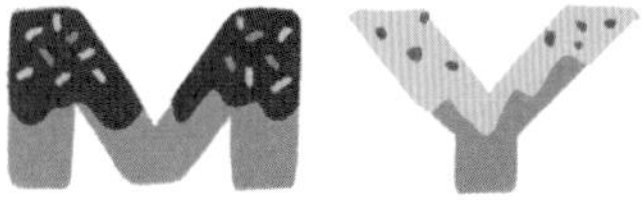

南国《なんごく》の暖《あたた》かさを思《おも》わせる
トロピカルカラー

見《み》ているだけで
元気《げんき》になれる
ビタミンカラー

「O」をフルーツに
見立《みた》てても

書《か》きかたのコツ

ローマ字《じ》で書《か》く

NAMAE

1 大人《おとな》っぽい雰囲気《ふんいき》にしたいとき、ロゴなどを書《か》きたいときにはローマ字《じ》が便利《べんり》☆　ローマ字《じ》はあえてラフに書《か》いて。

2 文字《もじ》をデコるようにイラストをそえると、パッと目《め》を引《ひ》くイラストになるよ！

グリーンとピンクの２色《しょく》で書《か》こう

ランドセルをそえて

くるくるハートのラインに文字《もじ》を入《い》れても♡

ところどころに
顔《かお》をつけてみて

時計風《とけいふう》のイラストを
そえてみよう

感謝《かんしゃ》の気持《きも》ちを
花束《はなたば》で表《あらわ》して

手《て》紙《がみ》でよく使《つか》う単《たん》語《ご》

手《て》紙《がみ》やメモでよく使《つか》う単《たん》語《ご》を集《あつ》めてみたよ。
友《とも》だちとの手《て》紙《がみ》交《こう》かんがもっと楽《たの》しくなりそう♪

文《も》字《じ》を書《か》いてから
イラストを
足《た》そう！

ピンクの
グラデーションで
立《りっ》体《たい》感《かん》を出《だ》して

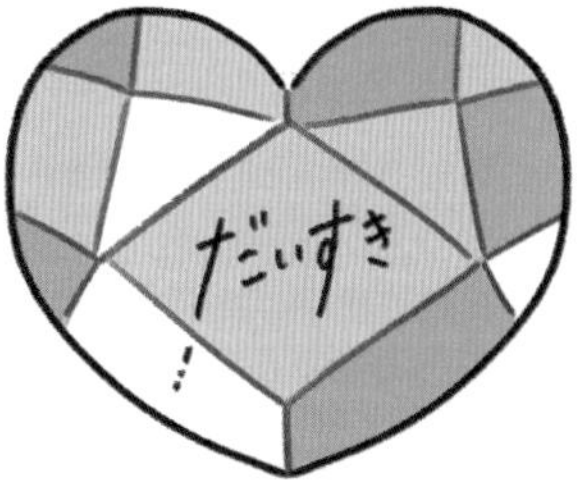

下《した》半《はん》分《ぶん》にだけ
影《かげ》をつけてみよう

1文字目《もじめ》を大《おお》きく
書《か》くのがポイント

グッドサインの
イラストをそえて☆

フリルやリボンを
飾《かざ》りつけても♡

フキダシの中《なか》を
ぬってもかわいいね

学校《がっこう》でよく使《つか》う文字《もじ》

学校生活《がっこうせいかつ》でよく使《つか》う単語《たんご》をかわいく描《か》いてみない？　ノートや時間割《じかんわり》を書《か》くときにも便利《べんり》だよ♪

国語
JAPANESE

算数
ARITHMETIC

理科
SCIENCE

文字《もじ》の一部《いちぶ》を虹《にじ》に見立《みた》てたよ

社会
SOCIAL STUDIES

Hello
英語
ENGLISH

生活
LIVING ENVIRONMENT STUDIES

音符《おんぷ》や楽器《がっき》を入《い》れてみよう

体育館《たいいくかん》にあるモチーフを使《つか》って

音楽
MUSIC

図工
ART AND HANDICRAFT

体育
PHYSICAL EDUCATION

美術　家庭科　道徳

黒板《こくばん》、机《つくえ》、ランドセル
など学校《がっこう》で使《つか》うアイテムと
組《く》み合《あ》わせてみよう

好《す》きな献立《こんだて》を
フレームにしてね

給食

昼休み

放課後

係

委員会

日直

雲《くも》のフレームに
目標《もくひょう》を書《か》いても◎

当番表

RENRAKU
連絡

学級
目標

持ち物

読書

感想

お祝《いわ》いの花束《はなたば》を
そえてみよう

入学

卒業

新学期

そえるイラストで
季節《きせつ》を表現《ひょうげん》して♪

運動会

遠足

夏休み

上半分《うえはんぶん》をもこもこに
して雪《ゆき》っぽく!

春休み

冬休み

登校日

年中行事《ねんちゅうぎょうじ》・季節《きせつ》の単語《たんご》

年中行事《ねんちゅうぎょうじ》や季節《きせつ》の単語《たんご》をぷちイラストにしてみよう。
カレンダーや手帳《てちょう》のポイントにもなるよ☆

和《わ》をイメージした
しぶめの色使《いろづか》い

お正月

バレンタイン

卒業式

ホワイトデー

赤《あか》とピンクのドットで
まわりをかこって

ゴールデンウィーク

入学式

ハット＋ひげで
ダンディな雰囲気《ふんいき》

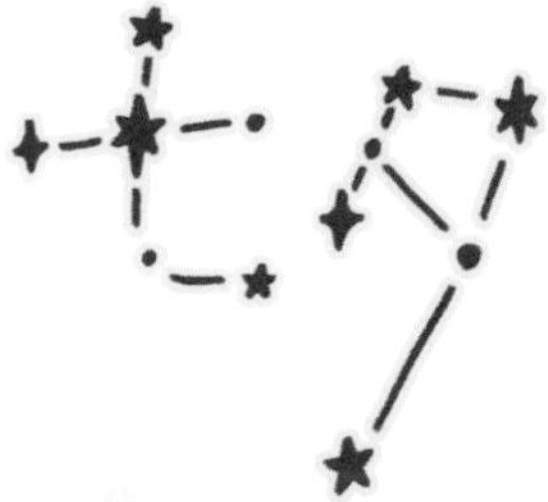

パイナップルで
季節感《きせつかん》を出《だ》して

ツリーの間《あいだ》を
ガーランドで
つなげたよ

1月《がつ》～12月《がつ》を書《か》く

月《つき》ごとにある行事《ぎょうじ》や
イベントをイメージして描《か》いてみてね♪
色《いろ》を変《か》えるのもおすすめだよ！

アイコンがあると
わかりやすい

1月
January

2月
February

3月
March

4月
April

5月
May

6月
June

7月
July

8月
August

シンプルに1色《しょく》で
かっこよく！

9月
September

10月
October

11月
November

12月
December

同《おな》じ
ふくろ文字《もじ》でも
色《いろ》のぬりかたで
印象《いんしょう》が変《か》わるね

月曜日《げつようび》〜日曜日《にちようび》を書《か》く

曜日《ようび》をかわいいぷちイラストに
大変身《だいへんしん》させちゃおう!
好《す》きな書《か》きかたをまねしてみてね♪

目立《めだ》たせたいときは
ふくろ文字《もじ》+
影《かげ》にする

MON　Monday　月曜日

TUE　Tuesday　火曜日

WED　Wednesday　水曜日

ラベル風《ふう》に
しても
かわいいね

THU　Thursday　木曜日

FRI　Friday　金曜日

SAT　Saturday　土曜日

「y」の字《じ》を
右上《みぎうえ》にのばすと
おしゃれ

SUN　Sunday　日曜日

日付《ひづけ》を書《か》く

大切《たいせつ》な記念日《きねんび》や予定《よてい》がある日《ひ》を
かわいいイラストにしてみよう。
季節《きせつ》を感《かん》じるイラストをそえても☆

1月《がつ》は富士山《ふじさん》で
おめでたいムード

雪《ゆき》だるまで
季節感《きせつかん》を
出《だ》してみよう

雨《あめ》が多《おお》い6月《がつ》は
かさのモチーフを

レッスン①

すてきな文字《もじ》の書《か》きかたを覚《おぼ》えよう！

スイカっぽい
色使《いろづか》いがポイント

ハロウィーンを
意識《いしき》してみたよ

どんぐりで
秋《あき》のおとずれを
感《かん》じて

ふきだしを書《か》く

目立《めだ》たせたいメッセージには
ふきだしをそえてみて。さらにカラーペンで
デコってもGOOD《グッド》！

線《せん》と線《せん》の間《あいだ》を空《あ》けて
"抜《ぬ》け"をつくるの
がイマドキ風《ふう》

点線《てんせん》にしてもOK《オーケー》

キャラクターを
そえて
セリフっぽくしても

説明文《せつめいぶん》などに
使《つか》いやすい
かっちりフレーム

気軽《きがる》な
メッセージは上《うえ》を
大《おお》きく開《あ》けて

くるっと遊《あそ》び心《ごころ》を
出《だ》しても

ぐるぐるフレーム
は重要《じゅうよう》なことや
問題点《もんだいてん》などに

ポップに
つたえたい説明《せつめい》などに
おすすめ

考《かんが》えごとなどを
書《か》くときに
ぴったり

ほわほわさせる

もこもこフレームで
ワクワク感《かん》を
表現《ひょうげん》

くっつけたり

もこもこに
メリハリを
つけたり

ビックリ度《ど》を
つたえたいときに
使《つか》おう

心《こころ》の声《こえ》や
注目《ちゅうもく》してもらいたい
メッセージに

補足《ほそく》したいとき

ちょっと
目立《めだ》たせたいとき

こそこそ話《はなし》に

小声《こごえ》で
つたえたい一言《ひとこと》
などを書《か》くよ

K-POP《ケー ポップ》ファン大注目《だいちゅうもく》♥推《お》し活《かつ》にも！

かわいい&《アンド》使《つか》える！短《みじか》い韓国語《かんこくご》フレーズ

あこがれアイドルの応援《おうえん》にも大活《だいかつ》やく☆
うちわや応援《おうえん》ボードの手作《てづく》りにも便利《べんり》な韓国語《かんこくご》フレーズをまとめたよ。

わたしの最推《さいお》しです

내 최애예요

ネ チェエエヨ

本当《ほんとう》にかっこいいです！

정말 멋있어요!

チョンマル モシッソヨ

お兄《にい》さん

오빠, 형

オッパ、 ヒョン

※オッパ=女性《じょせい》が呼《よ》ぶとき
ヒョン=男性《だんせい》が呼《よ》ぶとき

お姉《ねえ》さん

언니, 누나

オンニ、 ヌナ

※オンニ=女性《じょせい》が呼《よ》ぶとき
ヌナ=男性《だんせい》が呼《よ》ぶとき

●●の大《だい》ファンです

○○ 의왕팬이에요

●●エ ワンペニエヨ

最高《さいこう》!!

최고!☆

チュェゴ

●●さんが好《す》きです♥

○○ 씨를 좋아해요♥

●●ッシルル チョアヘヨ

がんばって！

화이팅!

ファイティン

すごい！／やばい！

대박!!!

テバク

誕生日《たんじょうび》おめでとう★

생일 축하해요

センイル チュカヘヨ

ありがとう

고마워요

コマウォヨ

大丈夫《だいじょうぶ》？

괜찮아요？

クェンチャナヨ

本当《ほんとう》？　マジ？

정말？ 진짜？

チョンマル／チンッチャ

使《つか》いこなせたら上級者《じょうきゅうしゃ》！

SNS《エスエヌエス》・ネットでよく見《み》る略語《りゃくご》

K-POP《ケーポップ》ファンやアイドルのSNS《エスエヌエス》などでよく見《み》かける略語《りゃくご》を使《つか》ってみよう♪
使《つか》いこなせたら一目置《いちもくお》かれちゃうかも！

笑《わら》いの表現《ひょうげん》

ㅋㅋ

クク

「OK《オーケー》」の略語《りゃくご》

ㅇㅋ

オケイ

ないている表現《ひょうげん》

ㅜㅜ

(無音《むおん》)

「感謝《かんしゃ》」の略語《りゃくご》

ㄱㅅ

カムサ

「バイバイ」の略語《りゃくご》

ㅂㅂ

バイバイ

「ごめん」の略語《りゃくご》

ㅁㅇ

ミアン

なかなか時間《じかん》かかるけど楽《たの》しいね～！
こだわり始《はじ》めたら止《と》まらない～！
ていうか羽澄《はすみ》ちゃんの持《も》ってるペンめっちゃかわいくない？
駅前《えきまえ》の文房具屋《ぶんぼうぐや》さんで買《か》ったんだ！
ありがと～
へぇー

暖《のん》ちゃんはこんな感《かん》じのものも好《す》きかな？
わっ かわいいい！
えっへん！
これも駅前《えきまえ》の文房具屋《ぶんぼうぐや》さんで見《み》つけたよ！
なぜか羽澄《はすみ》ちゃんがとくいげに…
あのさ 色違《いろちが》いでおそろい、買《か》ってもいい…？
えっ
もちろんだよ！暖《のん》ちゃんとおそろいうれしい！
ぱーっっっ
そうときたら今《いま》から文房具屋《ぶんぼうぐや》さんへ行《い》っちゃおう♪
ふふ
うん！

お気《き》に入《い》りアイテムを見《み》つけてハッピーに☆

かわいい&便利《べんり》なステショが大集合《たいしゅうごう》!

文字《もじ》やイラストの描《か》きかたをマスターしたら、ペンや文房具《ぶんぼうぐ》にもこだわりたい! 描《か》きたいものや目的《もくてき》に合《あ》わせて選《えら》んで。

ラメペン

はなやかにデコりたいときは、キラキラのラメペンにたよっちゃおう☆

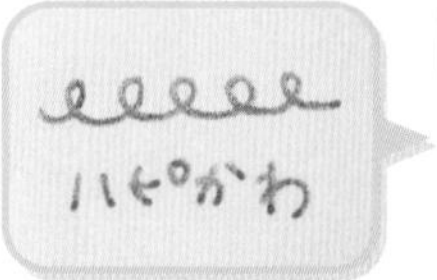

ユニボールシグノ スパークリング

ラメたっぷりのキラキラインク。いっきにゴージャス感《かん》がアップするね!

サラサクリップ デコシャインカラー

あざやかなメタリックカラーが輝《かがや》く! なめらかな書《か》きごこちも人気《にんき》。

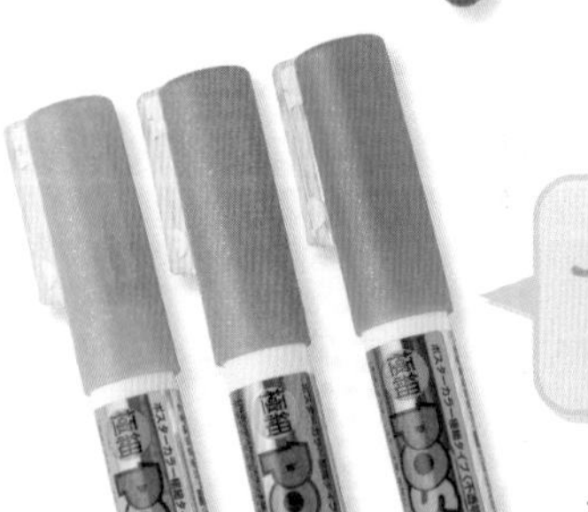

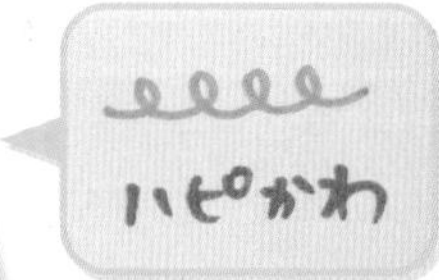

こすってもラメが落《お》ちない! 金属《きんぞく》やガラス、プラスチックにも書《か》けるよ。

ポスカ ラメ入《い》り極細《ごくぼそ》

ボールペン

スタンダードなボールペンは、
1本《ぽん》は持《も》っておきたいアイテム。

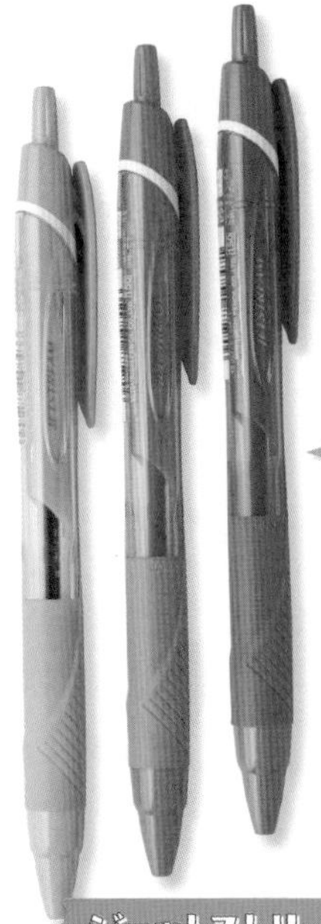

ハピかわ

スルスルと書《か》ける油性《ゆせい》
タイプ。にじみにくく、
ノートの色《いろ》分《わ》けにも!

ジェットストリーム カラー

サラサクリップ

さらさら書《か》けるジェル
インクは、書《か》きやすさ
も発色《はっしょく》もバッグン!

ハピかわ

今《いま》っぽいおしゃれなくす
みカラー。ゆったりやさ
しい雰囲気《ふんいき》に♪

ハピかわ

ジュース くすみカラー

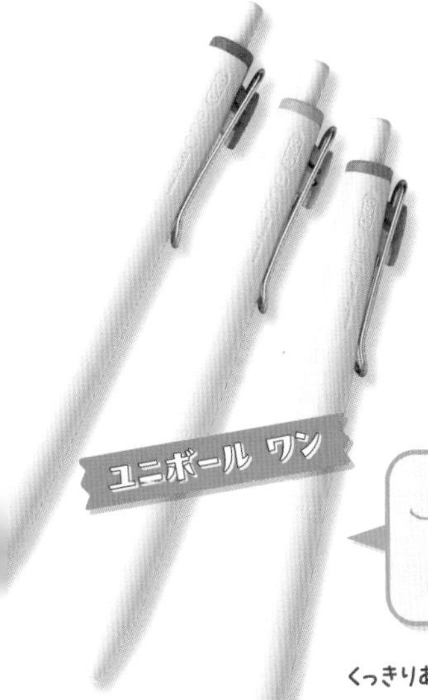

ユニボール ワン

ハピかわ

くっきりあざやかに発色《はっしょく》。0.38ミリで
こまかい文字《もじ》も書《か》きやすいよ♪

マーカーペン

大《おお》きな文字《もじ》や太字《ふとじ》を書《か》きたいとき、色《いろ》をぬりたいときに大活《だいかつ》やく！

ノック式《しき》ハンディライン

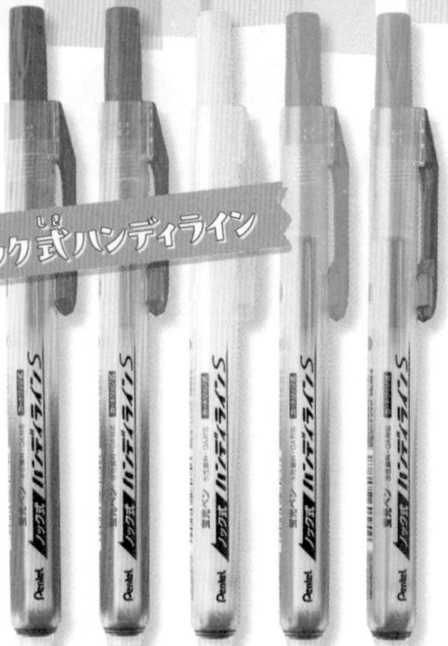

ペン先《さき》の出《だ》し入《い》れはカチっと押《お》すだけでOK《オーケー》！勉強《べんきょう》にも使《つか》いやすい！

マイルドライナー

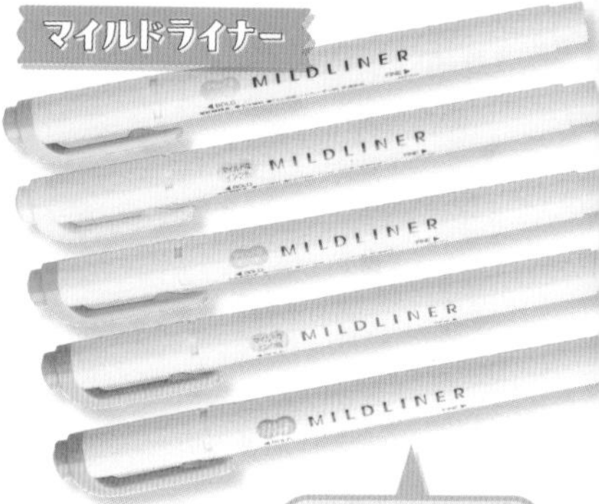

おだやかでやさしい色《いろ》がかわいい。1本《ぽん》で太《ふと》・細《ほそ》どっちも書《か》ける！

油性《ゆせい》ペン

プラスチックやビニールなど紙以外《かみいがい》のものに書《か》くときにおすすめ！

マッキー極細《ごくぼそ》

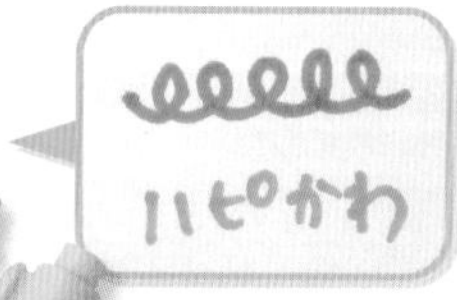

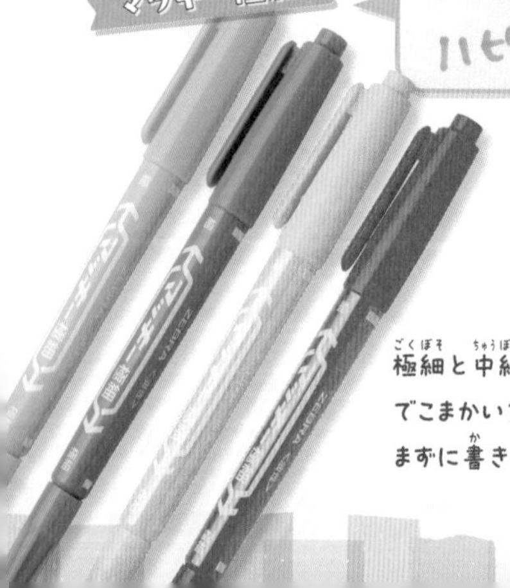

極細《ごくぼそ》と中細《ちゅうぼそ》の2本芯《ほんしん》でこまかい文字《もじ》もにじまずに書《か》きやすい！

アマゾン マルチカラー

あわいやさしめの発色《はっしょく》で、広《ひろ》い面積《めんせき》をぬりたいときにもぴったり。

消せるペン

消《け》しゴムや修正《しゅうせい》ペンがなくても消《け》せるから、まちがえても安心《あんしん》♪

フリクションライト

気軽《きがる》に線《せん》をひき直《なお》せる！　便利《べんり》なマーカータイプ。

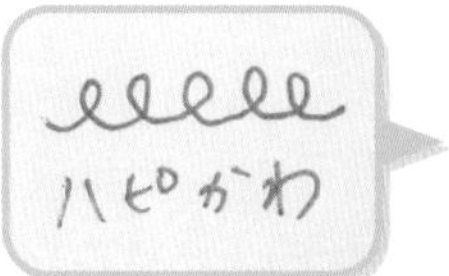

フリクションボール ノック

何度《なんど》でも書《か》き・消《け》しができるから、手帳《てちょう》に予定《よてい》を書《か》くときに便利《べんり》。

ユニボールRE

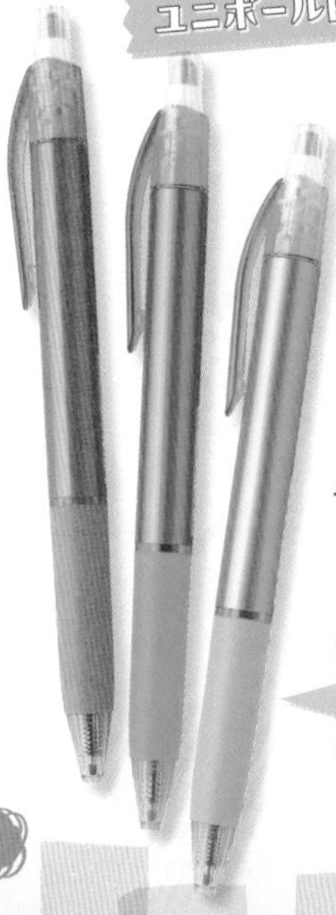

書《か》きやすさにもこだわった消《け》せるゲルインクのボールペン！

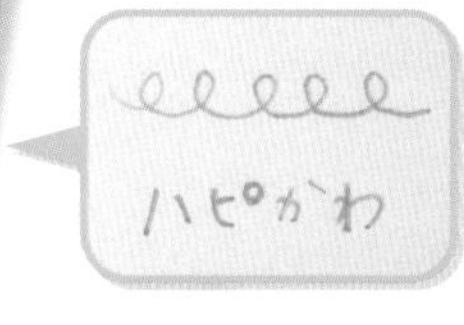

フリクションカラーズ

色《いろ》を変《か》えたいときにすぐに消《け》せるから、手紙《てがみ》や手帳《てちょう》のデコにも☆

多《た》機《き》能《のう》ペン

友《とも》だちの注目《ちゅうもく》を集《あつ》めちゃう!?　変《か》わったペンを集《あつ》めたよ。

ドット・エ・ペン

ペン先《さき》が四角《しかく》になっているから、ドット絵《え》がかんたんに描《か》ける!

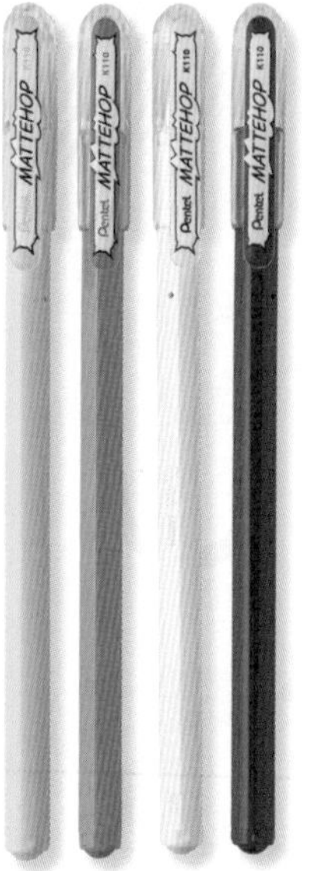

マットホップ

マットインクが目立《めだ》ち度大《どだい》!　写真《しゃしん》や黒《くろ》い紙《かみ》でもあざやかに発色《はっしょく》。

ツインク

2色《しょく》の線《せん》を同時《どうじ》にひける!　かんたんに映《ば》える文字《もじ》が書《か》けるよ♪

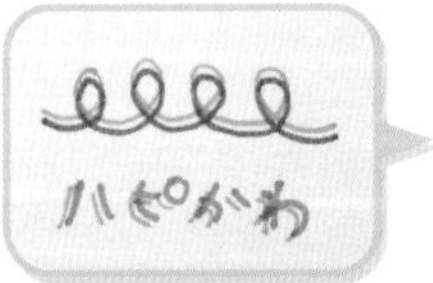

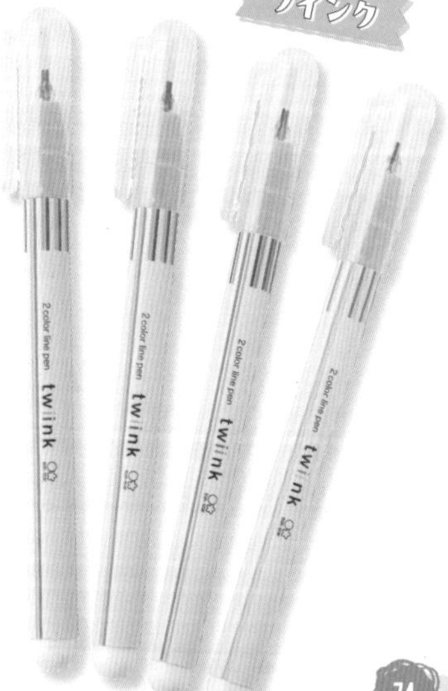

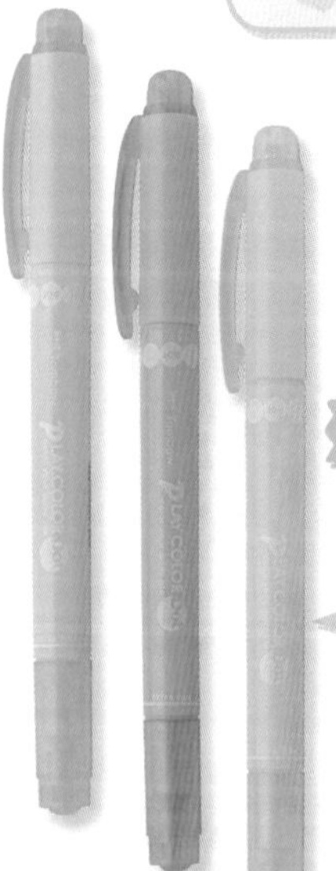

プレイカラー ドット

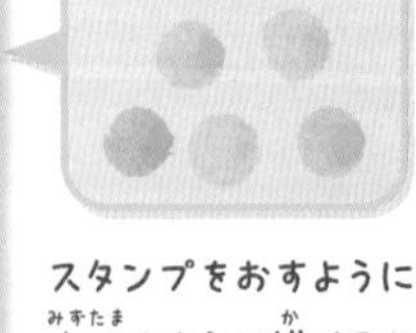

スタンプをおすように水玉《みずたま》もようが描《か》けるからデコにぴったり☆

100円《えん》ショップ大《たい》調《ちょう》査《さ》！

100円《えん》ショップでおとくにゲット！
便利《べんり》なペンを調査《ちょうさ》してきたよ。

その1

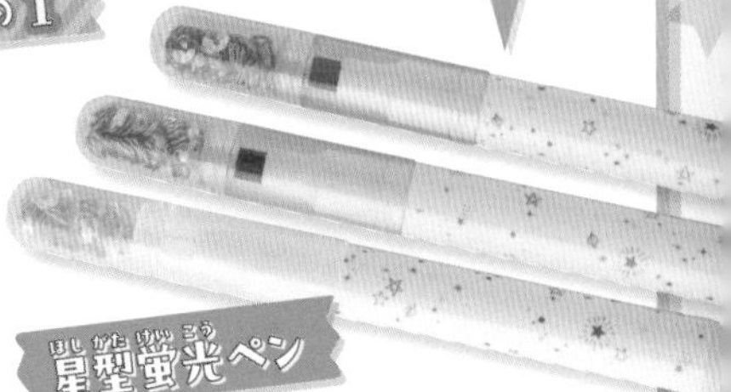

星《ほし》型《かた》蛍《けい》光《こう》ペン

星型《ほしがた》のペン先《さき》がかわいい蛍光《けいこう》ペンは、黄《き》・青《あお》・ピンクの3本《ぼん》セット。

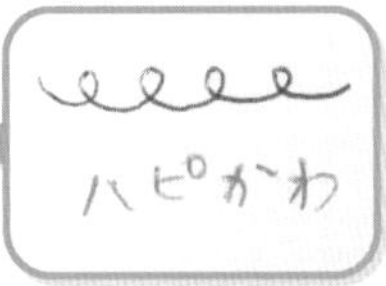

10色《しょく》ボールペン

かわいいくまがついたペンは、1本《ぽん》で10色《しょく》の使《つか》い分《わ》けが可能《かのう》！

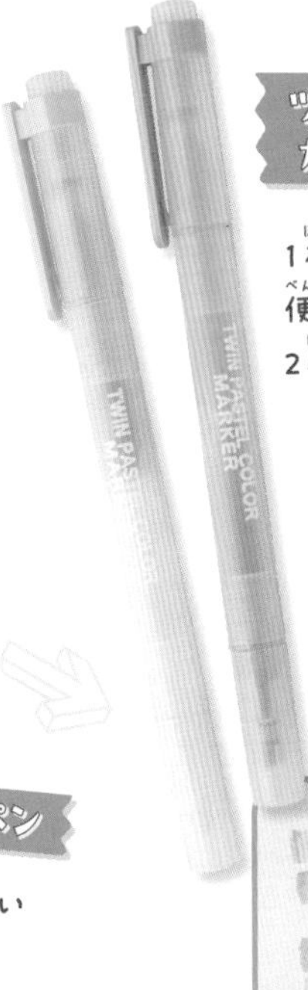

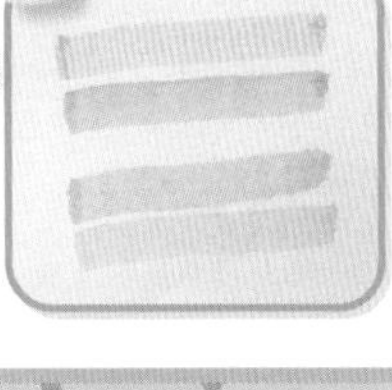

ツインパステルカラーマーカー

1本《ぽん》で2色《しょく》も使《つか》える便利《べんり》なマーカーペン！2本《ほん》セット。

マジックライトペン

ライトで照《て》らすと書《か》いた文字《もじ》が読《よ》める！ひみつのやりとりにも。

ペンポーチ

日常《にちじょう》のおともがかわいいと気分《きぶん》があがる♡
かわいいペンポーチを探《さが》そう!

プニラボ ミケネコ

ネコちゃんが注目《ちゅうもく》のまと♡　立《た》てておけるからペンが取《と》り出《だ》しやすい。

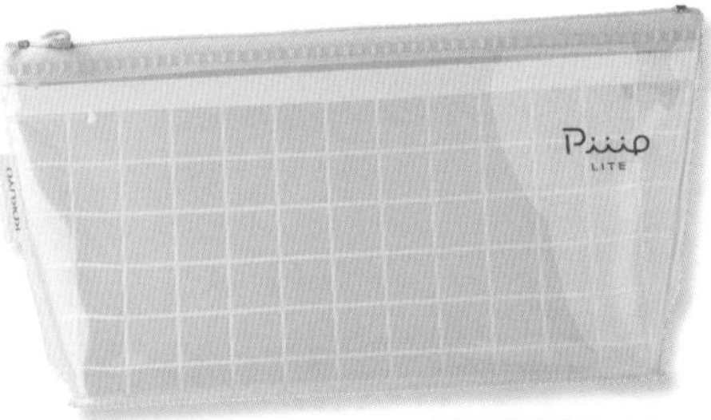

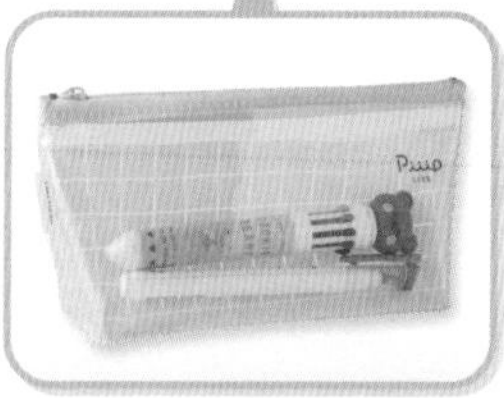

ピープライト

内側《うちがわ》のしきりで、見《み》せたい文具《ぶんぐ》とかくしたい文具《ぶんぐ》を分《わ》けられる!

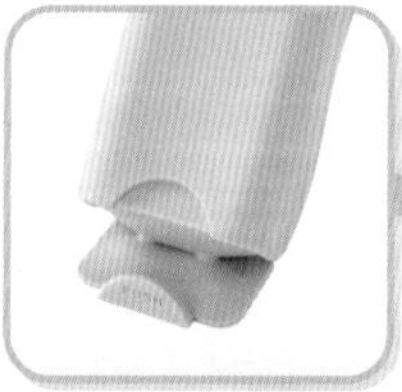

ペンポーチバッグ

大人《おとな》っぽいバッグ型《がた》。クリア素材《そざい》とゴールドの金具《かなぐ》がおしゃれ☆

エアピタ

スリムなたて型《がた》。シリコン素材《そざい》で、ピタッとくっつきたおれない!

ふせん

ちょっとしたメッセージのやりとりや文字《もじ》を書《か》きたいときにあると便利《べんり》！

ノートや手帳《てちょう》にはりやすいミニサイズ。文字《もじ》が書《か》きやすい四角型《しかくがた》。

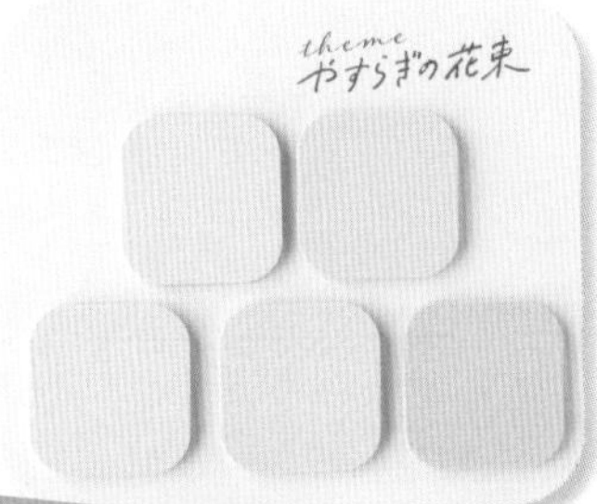

まるみのふせん

「書《か》きたしたいとき」や「書《か》ききれないとき」に。ノートの横《よこ》にはれるよ！

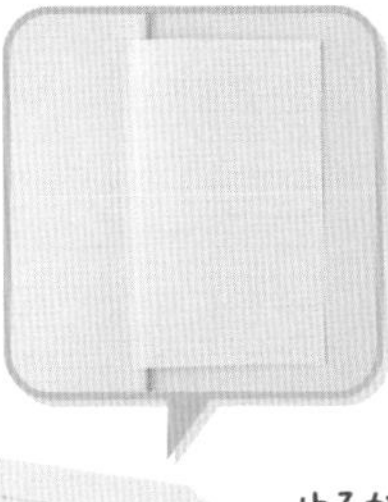

まとめがはかどるノートふせん

スタンドスティックマーカー

立《た》てて使《つか》えるふせんは、コーギーのかわいいおしりで注目度《ちゅうもくど》アップ！

ゆるーいたましいの叫《さけ》びFUSEN《ふせん》

ゆるかわいいキャラのふせんは、友《とも》だちとのやりとりに！

マステ・テープ

最近《さいきん》のマステやテープはかわいいだけじゃない!? 便利《べんり》な機能《きのう》にも注目《ちゅうもく》しよう。

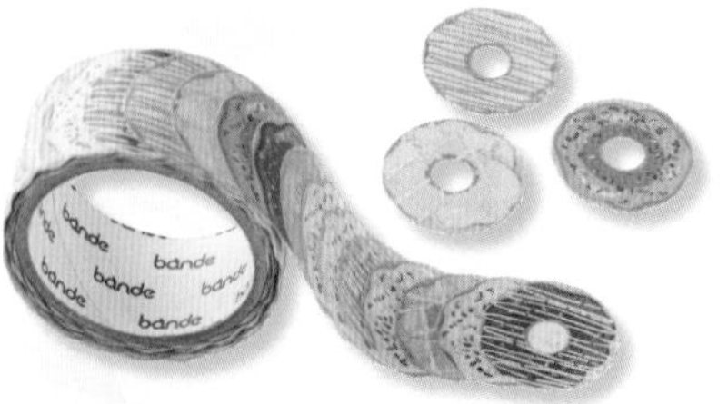

1枚《まい》ずつめくれるマスキングテープ

シールのように1枚《まい》ずつめくれるよ。つなげたままはってもOK《オーケー》♪

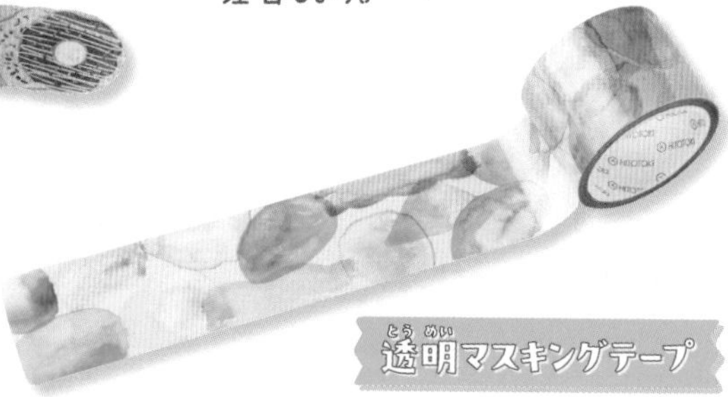

透明《とうめい》マスキングテープ

透《す》け感《かん》がおしゃれ☆　ガラスやファイルのデコなどにおすすめ!

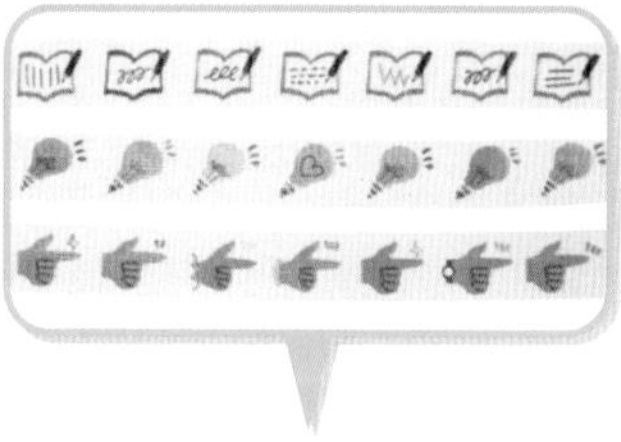

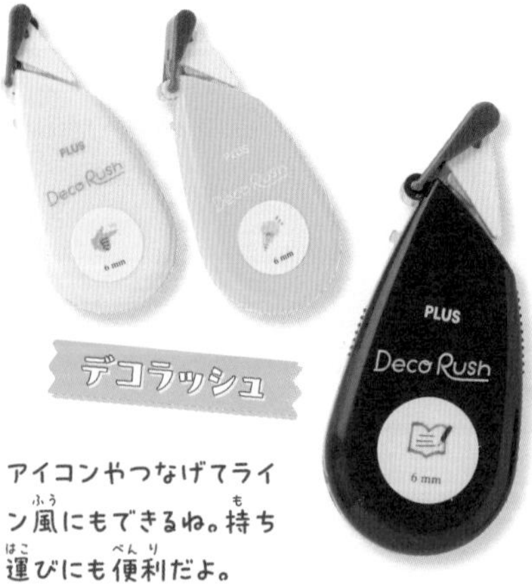

デコラッシュ

アイコンやつなげてライン風《ふう》にもできるね。持《も》ち運《はこ》びにも便利《べんり》だよ。

水性《すいせい》ペンで書《か》けるマスキングテープ

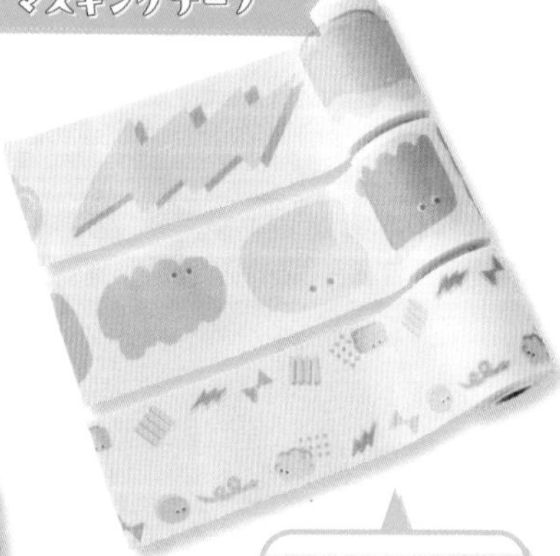

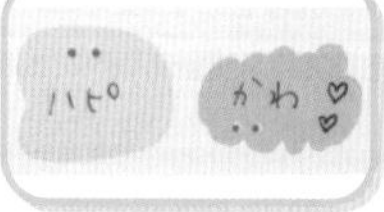

インクをはじかない特殊《とくしゅ》な加工《かこう》で、文字《もじ》がすらすら書《か》けちゃうよ。

定規《じょうぎ》・はさみ

定規《じょうぎ》とはさみは
長《なが》く使《つか》うものだから、
使《つか》いやすさにこだわって選《えら》ぼう！

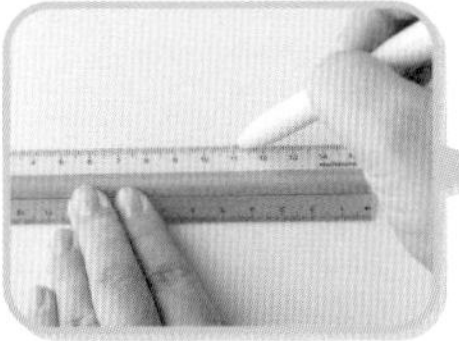

真《ま》ん中《なか》を指《ゆび》でおさえて使《つか》うよ。ピタッと止《と》まって線《せん》がひきやすい！

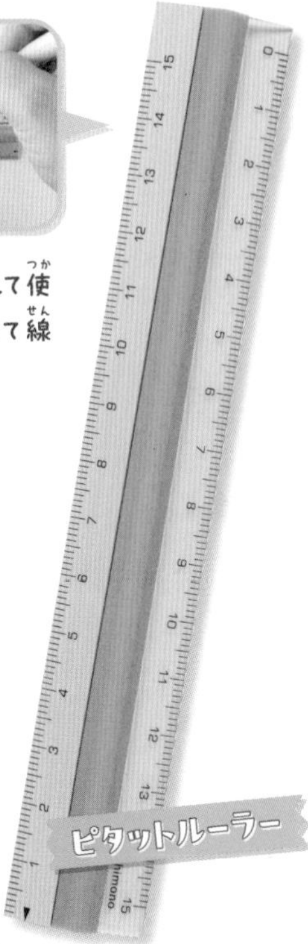

ピタットルーラー

クリップルーラー

30種類《しゅるい》のテンプレートつきで、
かんたんにマークが描《か》けるよ♪

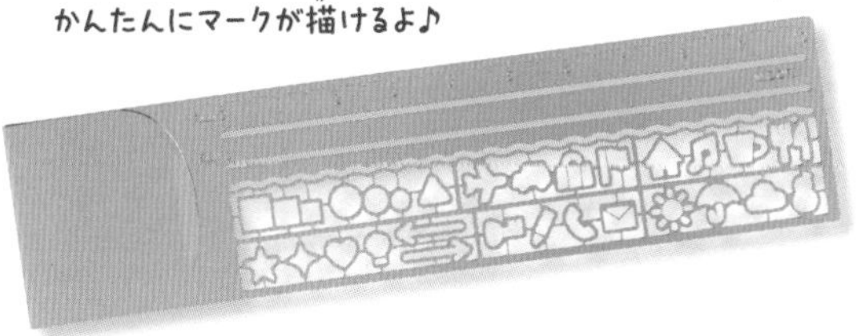

フィットカーブ ツイッギー

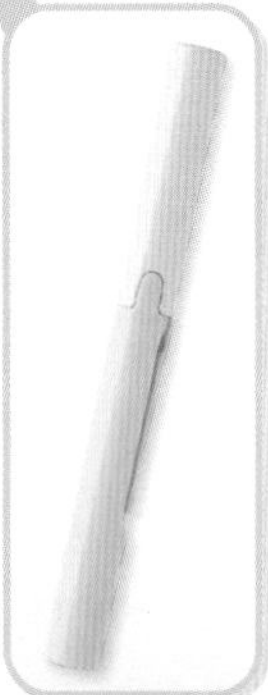

刃《は》が収納《しゅうのう》できるスリムタイプ。ペンポーチにも入《い》れやすいね！

マルッコ

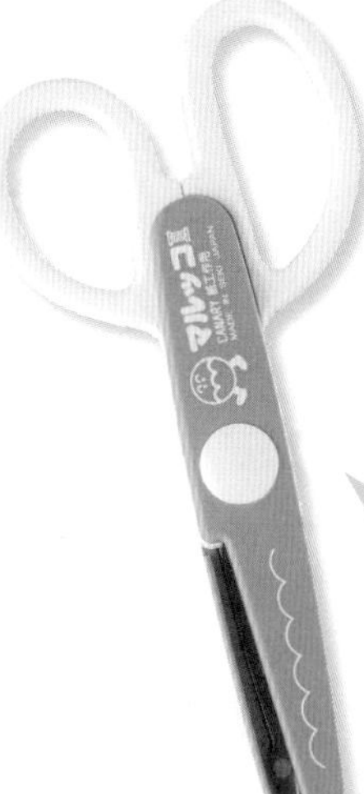

カードなどのふちを丸《まる》くできるよ。厚《あつ》めの紙《かみ》でもしっかり切《き》れる！

100円《えん》ショップ大調査《たいちょうさ》！

その2

ぜんぶ100円《えん》でゲットできちゃう☆
かわいい文具《ぶんぐ》を調査《ちょうさ》してきたよ！

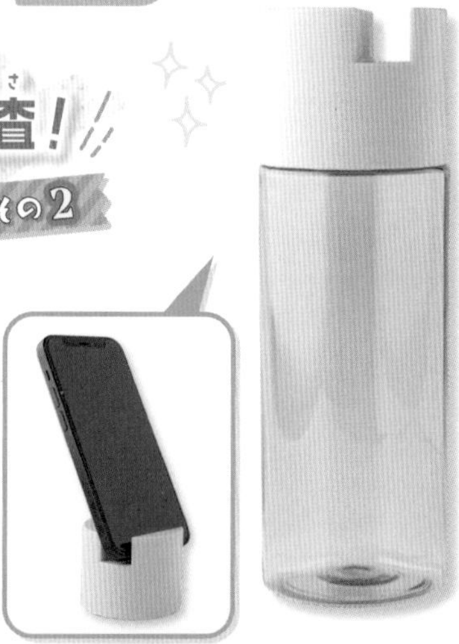

王子様《おうじさま》ブロックメモ

王子様《おうじさま》キャラがかわいいメモ。
推《お》しカラーをゲットしよう♡

スマホが立《た》てられるペンケース

ふたがスマホスタンドになるから、
オンライン学習《がくしゅう》にも活《かつ》やく！

セーフティカッター

刃《は》が少《すこ》ししか出《で》ないか
ら安心《あんしん》。こまかい切《き》り
取《と》りもしやすいよ！

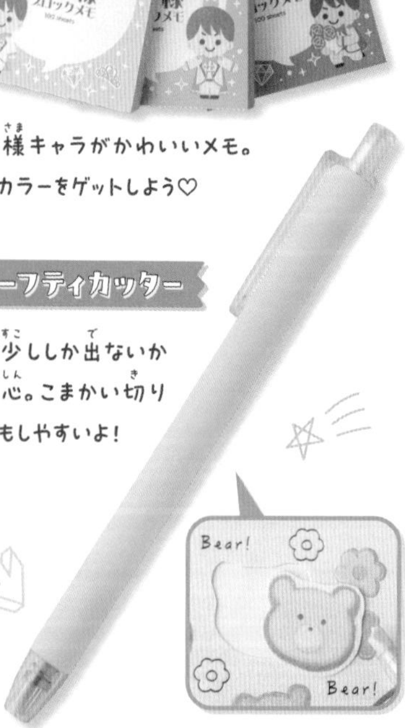

グミステッカー

まるでグミ!? おいしそうなぷっくり
感《かん》が目《め》をひくシールだよ。

#わたしレベルアップ計画《けいかく》

プラン1

書《か》く習慣《しゅうかん》を身《み》につけよう!

文字《もじ》の書《か》きかたを覚《おぼ》えたら、ここからは何《なに》を
どんなふうに書《か》くかをレクチャー。書くことは、
もっとステキな自分《じぶん》になるヒントをくれるよ。

レベル1 ハッピー満開《まんかい》♪ 手《て》書《が》きのススメ

自分《じぶん》の手《て》を動《うご》かして何《なに》かを書《か》くと、いいことがたくさんあるよ。
片手《かたて》にペンを持《も》って、あなたの好《す》きな方法《ほうほう》で書《か》くことを始《はじ》めてみよう！

楽《たの》しく書《か》いてしあわせを引《よ》きよせる！

心《こころ》の中《なか》にある気持《きも》ちはそのままでは目《め》に見《み》えないけれど、何《なに》かに書《か》くことで、自分《じぶん》や友《とも》だちが見《み》ることができるようになるよ。日記《にっき》や手紙《てがみ》で「文章《ぶんしょう》を書《か》く」ことも、イラストやマンガで「絵《え》を描《か》く」ことも、心《こころ》の声《こえ》や好《す》きなことを表現《ひょうげん》する大切《たいせつ》な方《ほう》法《ほう》なんだ。

“書《か》くこと”は、こんなにいいことがたくさん♥

自分《じぶん》の好《す》きの気持《きも》ちを整理《せいり》できる！

友《とも》だちと自分《じぶん》の気持《きも》ちを伝《つた》え合《あ》える！

過去《かこ》の自分《じぶん》をふりかえることができる！

見落《みお》としていた心《こころ》の声《こえ》に会《あ》える！

楽《たの》しかった思《おも》い出《で》を残《のこ》すことができる！

未来《みらい》の予定《よてい》やしたいことに気《き》づける！

方法《ほうほう》は何《なん》でもOK《オーケー》!

とにかく自由《じゆう》に書《か》いてみよう

書《か》くって楽《たの》しい!
そう思《おも》えることから
始《はじ》めてみよう★

日記帳《にっきちょう》

12月25日
Merry Christmas
朝おきたらクリスマスツリー
の下にクリスマスプレゼント
ず〜〜〜〜っとほしかった
ふわふわうさちゃんの
ぬいぐるみをもらったよ♪
Happy
サンタさん!!
ありがとう
ふわふわうさちゃん

推《お》し活《かつ》ノート

私の王子様
プロフィール
profile
名前 天王寺《てんのうじ》 はるひ
2000年
生年月日 2月16日 血液型 B
身長 182cm 体重 ??
メンバーカラー 赤
推し歴 2年半
推しへの愛 120%
HARUHI
推しの好きな所
目の下のホクロ
ダンスがしなやか
モデルみたいな体型
ふだんはクールなのに
ぬいぐるみが好きという
ギャップ!!
推しとの出会い
友だちのススメでデビュー曲
のMV見て、ダイナミックで
しなやかなダンスに
くぎづけになった
推しソング
「ラブパワー」
「ミラクルローズ」

ミニレター

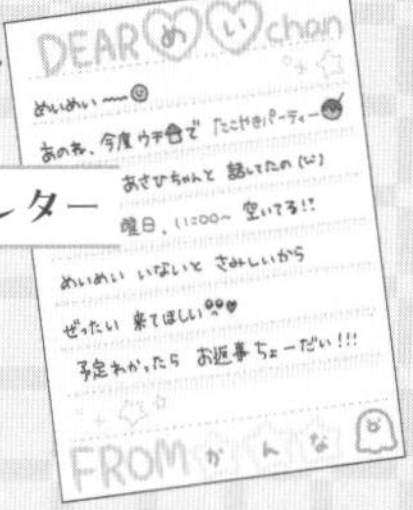
DEAR めい chan
めいめい〜〜
あのね、今度ウチで たこやきパーティー
あさひちゃんと 話してたの
曜日、11:00〜 空いてる!!
めいめい いないと さみしいから
ぜったい 来てほしい
予定わかったら お返事ちょーだい!!!
FROM かんな

趣味《しゅみ》ノート

くまちゃん
オレンジフラッペ
いちごフラッペ
おいしさレポート
甘すぎず飲みやすかった〜!!
いちごの果肉がゴロゴロ
入っていて飲みごたえバツグン
クッキーもかわいくて
おいしくて最高
ずっと気になっていた
Dreamy Drinkに
さなちゃんと行ってきたよ!
¥780/原宿駅から5分
アイシングクッキー
お店レポート
店内がピンクで
かわいかった
さつえいスポットが
あって、SNSばえ
するお店
2023/8/24

手帳《てちょう》

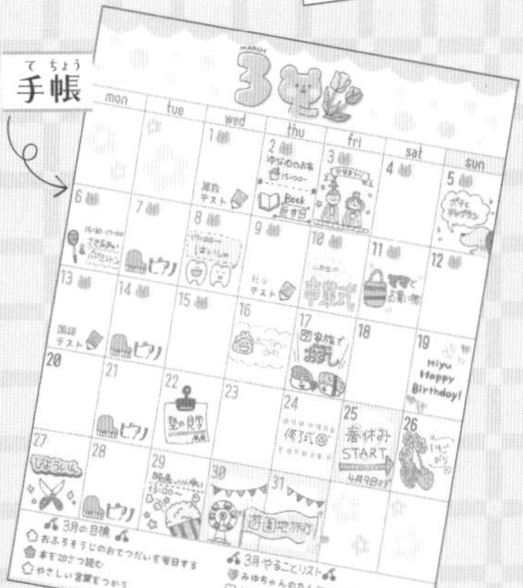
MARCH
3
mon
tue
wed
thu
fri
sat
sun
算数テスト
Book 返す日
ピアノ
はいしゃ
社会テスト
卒業式
ママとお買い物
国語テスト
家族でおすし
Miyu Happy Birthday!
塾の見学
修了式
春休み START
いちごがり
びよういん
遊園地旅行
3月の目標
おふろそうじのおてつだいを毎日する
本を20さつ読む
やさしい言葉をつかう
3月やることリスト
みゆちゃんのたんじょう日プレゼントを買う
おへやのそうじをする

こうかんノート

きょうのたんとうは はるな
7がつ1にち日ようび
今日は家族でショッピングモールへ
お買い物に行ったよ〜!
夏のお洋服3着も買ってもらっちゃった
ふでばこもこわれちゃったから買ってもらった
くまさん がらでとってもかわいくておきにいり
夜は近くでおまつりやってたから行ってきた!
そこでいいことあったのよ…
HAPPY な1日でした——!!
Book
おまつりのくじ引きで
2等 当たった〜!! うれしい!
お金持ちになったら?
ネコ かいたい
つぎのたんとうは まい

レベル 2

書《か》くことで知《し》らないわたしに出会《であ》える！

今日《きょう》のあなたは、何《なに》を思《おも》ったり、どんなことを考《かんが》えたりしたかな？
その気持《きも》ちを書《か》くことで、心《こころ》の奥《おく》にある思《おも》いに気《き》づくことができるよ。

文字《もじ》を書《か》くこと＝《イコール》わたしを知《し》ること

何《なに》を書《か》こうか迷《まよ》っているあなたへ。まずは、今日《きょう》あったできごとをふりかえって文章《ぶんしょう》を書《か》いてみよう。そのできごとのあとは何《なん》て思《おも》ったかな？気持《きも》ちを書《か》くことで頭《あたま》の中《なか》が整理《せいり》されて、自分《じぶん》の本当《ほんとう》の気持《きも》ちに気《き》づくことができるよ。

CHECK《チェック》 1

気《き》づいたこと・感《かん》じたことを書《か》こう

平凡《へいぼん》な1日《にち》でも、まったく同《おな》じ日《ひ》は存在《そんざい》しないよね。朝起《あさお》きてから夜《よる》ねむるまで、今日《きょう》どんなことがあったか、じっくりふりかえろう。

CHECK《チェック》 2

上手《じょうず》じゃなくてOK《オーケー》！まずは書《か》いてみることから

書《か》くことに慣《な》れていないと、なかなか書《か》きはじめられないことも。上手《じょうず》な文章《ぶんしょう》にならなくても、短《みじか》くてもOK《オーケー》！　気楽《きらく》な気持《きも》ちでね。

Let's《レッツ》 Try《トライ》!!

今日《きょう》見《み》たもの、ふと感《かん》じたことを1つ選《えら》んでね。そこから、さらに思《おも》ったことを矢印《やじるし》でつなげていくと、自分《じぶん》がしたいことが見《み》えてくるよ。

心《こころ》にうかんだことを
順番《じゅんばん》に書《か》いていくよ！

どんなことを書《か》く？
・一日《いちにち》のできごと
・テレビ番組《ばんぐみ》の感想《かんそう》
・ほしいもの
・食《た》べたものetc…

あなた

↓

↓

↓

例《たと》えば

20XX.XX.XX

そろそろ暑《あつ》く
なってきた！

↓

新《あたら》しいT《ティー》シャツ
ほしいな～

↓

どんなT《ティー》シャツに
しよう？

↓

お気《き》に入《い》りの
スカートに合《あ》わせよう！

↓

赤《あか》と白《しろ》の
ボーダーのT《ティー》シャツ

※コピーして使《つか》ってね！

レベル 3

自分《じぶん》のことを研究《けんきゅう》してみよう

あなたの中《なか》には、まだあなたの知《し》らない一面《いちめん》がねむっているかも!?
自分《じぶん》をもっと知《し》るために、「わたしデータ」を集《あつ》めて書《か》きとめよう。

わたしインタビューで自分《じぶん》のことを知《し》ろう！

こんなことをインタビュー！

性格《せいかく》は？
趣味《しゅみ》は？
特技《とくぎ》は？
マイブームは？
長所《ちょうしょ》は？
短所《たんしょ》は？
苦手《にがて》なことは？
将来《しょうらい》の夢《ゆめ》は？
なやみは？

性格《せいかく》や長所《ちょうしょ》、短所《たんしょ》、趣味《しゅみ》、特技《とくぎ》…。自分自身《じぶんじしん》のことをどのくらい知《し》っているかな？　ひとつずつ自分《じぶん》にインタビューして、「わたしデータ」を集《あつ》めてみよう。それまで気《き》づいていなかった好《す》きな一面《いちめん》や直《なお》したいところが見《み》えてきて、もっとステキな自《じ》分《ぶん》になれるヒントが見《み》つかるよ。

CHECK《チェック》 1
好《す》き・得意《とくい》を知《し》って自信《じしん》をもとう！

今《いま》の好《す》きなことや得意《とくい》なことは、未来《みらい》の自分《じぶん》がもっと輝《かがや》くための原石《げんせき》。自分《じぶん》がワクワクするものを知《し》ることで、自信《じしん》につながるよ。

CHECK《チェック》 2
苦手《にがて》・直《なお》したいところを認《みと》めよう！

キライなこと、苦手《にがて》なことだって、あなたの大切《たいせつ》な個性《こせい》。目《め》をそむけずに見《み》つめることが、弱点《じゃくてん》を克服《こくふく》するための第一歩《だいいっぽ》だよ。

Let's《レッツ》 Try《トライ》!!

自分自身《じぶんじしん》にマイクを向《む》けてインタビューするように、質問《しつもん》（Q《キュー》）とその答《こた》え（A《エー》）をノートに書《か》きだしてみよう♪

Q&A《キューアンドエー》はかじょう書《が》きでOK《オーケー》

あなた

Q

A

Q

A

Q

A

Q

A

Q

A

まずは長所《ちょうしょ》からスタート♪

例《たと》えば

Q わたしの長所《ちょうしょ》は？

A 絵《え》が上手《じょうず》なこと。友《とも》だちに、描《か》いてほしいイラストをリクエストされることも！

Q わたしの苦手《にがて》なことは？

A 算数《さんすう》が苦手《にがて》。暗算《あんざん》ができなくて、計算《けいさん》をとくのにいつも時間《じかん》がかかっちゃう…。

Q 今《いま》までで一番《いちばん》うれしかったことは？

A ピアノの発表会《はっぴょうかい》で、上手《じょうず》に演奏《えんそう》できたこと。練習《れんしゅう》をがんばった分《ぶん》、成果《せいか》が出《で》てうれしかった！

Q 悩《なや》んでいることは？

A 人見知《ひとみし》りで、はじめて会《あ》う人《ひと》とうまく話《はな》せないこと。もっと勇気《ゆうき》がほしいな。

Q マイブームは？

A 好《す》きなアイドルグループの動画《どうが》を見《み》ること。イヤなことがあっても元気《げんき》が出《で》てくる！

※コピーして使《つか》ってね！

レベル 4

ひとこと日記《にっき》をつけてみよう

自分《じぶん》に起《お》こったできごとや感《かん》じた思《おも》いを記録《きろく》できるのが日記《にっき》。
1カ月後《かげつご》でも1年後《ねんご》でも、思《おも》い出《で》や自分《じぶん》の気持《きも》ちをふりかえれるよ。

ひとこと日記《にっき》で「気《き》づき」を増《ふ》やす！

「気《き》づき」が増《ふ》えるといいことがたくさん♡

- 気持《きも》ちの変化《へんか》がわかる
- 自分《じぶん》のスキ・したいが見《み》つかる
- 自分《じぶん》のキライ・苦手《にがて》がわかる
- 自分《じぶん》の気持《きも》ちと向《む》き合《あ》える
- 自分《じぶん》のゴキゲンの取《と》り方《かた》がわかる
- 同《おな》じ失敗《しっぱい》をくり返《かえ》さなくなる

日記《にっき》は自分《じぶん》の気持《きも》ちを知《し》るための心《こころ》の鏡《かがみ》。その日《ひ》にあった何気《なにげ》ないことにも、後《あと》で見返《みかえ》すと気《き》づかなかった自分《じぶん》の一面《いちめん》を教《おし》えてくれるヒントがつまっているよ。長《なが》い文章《ぶんしょう》を書《か》くのは大変《たいへん》でも、ひとこと日記《にっき》なら三日《みっか》坊主《ぼうず》にならずに続《つづ》けやすいね。

CHECK《チェック》 1 気分《きぶん》に合《あ》わせて書《か》く量《りょう》を調整《ちょうせい》しよう

ハッピーな日《ひ》もあれば、元気《げんき》が出《で》ない日《ひ》もあるもの。その日《ひ》のキモチに合《あ》わせて無理《むり》のない文字《もじ》の量《りょう》で！　大切《たいせつ》なのは続《つづ》けることだよ。

CHECK《チェック》 2 1週間《しゅうかん》を見直《みなお》してみよう

まずは7日分《かぶん》を目標《もくひょう》に。1週間続《しゅうかんづづ》けると、学《がっ》校《こう》のある日《ひ》も休日《きゅうじつ》もふりかえることができて、きっと何《なに》か気《き》づきがあるはず。

Let's《レッツ》 Try《トライ》!!

今日《きょう》あったできごと、そしてそのときの気持《きも》ちを書《か》いておこう。夜寝《よるね》る前《まえ》など、毎日決《まいにちき》まった時間《じかん》で習慣《しゅうかん》にできると続《つづ》けやすいよ。

何曜日《なんようび》からはじめてもOK《オーケー》★

あなた

/ ( )	
/ ( )	
/ ( )	
/ ( )	
/ ( )	
/ ( )	
/ ( )	

まずは1週間《しゅうかん》、書《か》いてみよう!

例《たと》えば

6/3 (月《げつ》)	算数《さんすう》の小《しょう》テストがあるのをうっかり忘《わす》れてた。週明《しゅうあ》けから大失敗《だいしっぱい》…。
6/4 (火《か》)	学校《がっこう》が終《お》わったあと、みんなでフットサル。ゴールが決《き》められてうれしかった!
6/5 (水《すい》)	月曜日《げつようび》のテストが返《かえ》ってきて、そのことでお母《かあ》さんとケンカ。イライラする〜。
6/6 (木《もく》)	お母《かあ》さんと仲直《なかなお》り。夕《ゆう》ご飯《はん》がハンバーグでうれしかった。次《つぎ》のテストはがんばる!
6/7 (金《きん》)	体育《たいいく》の授業中《じゅぎょうちゅう》、転《ころ》んで保《ほ》健室《けんしつ》に行《い》くことに。ひざのきずでお風呂《ふろ》がつらい…!
6/8 (土《ど》)	ミキとナナと3人《にん》で映画《えいが》を見《み》に行《い》った。そのあとプリクラも撮《と》って、最高《さいこう》な日《ひ》♪
6/9 (日《にち》)	午前中《ごぜんちゅう》は家族《かぞく》とショッピングモールでお買《か》いもの。明日《あした》の小《しょう》テストは準備《じゅんび》OK《オーケー》!

※コピーして使《つか》ってね!

レベル 5

気《き》持《も》ちを言葉《ことば》にしてみよう

うれしい、かなしい、おどろき…。心《こころ》の中《なか》にはいろいろな気持《きも》ちが住《す》んでいるよ。感情《かんじょう》を言葉《ことば》にして整理《せいり》すれば、なやみごとや心《こころ》のモヤモヤも解決《かいけつ》することができるよ。

その感情《かんじょう》には名前《なまえ》がある！

感情《かんじょう》は たくさんある！

よろこび

かなしみ

おどろき

いかり

不安《ふあん》

感動《かんどう》

気《き》になる

こうかい

心《こころ》にはさまざまな感情《かんじょう》があって、ふとした場面《ばめん》やタイミングでひょっこり出《で》てくるよ。ポジティブな感情《かんじょう》は自信《じしん》ややる気《き》に、ネガティブな感情《かんじょう》は次《つぎ》に生《い》かす心《こころ》のバネに。自分《じぶん》の中《なか》にある気持《きも》ちと上手《じょうず》につき合《あ》えれば、自分自身《じぶんじしん》の成長《せいちょう》につながるよ。

CHECK《チェック》 1

モヤモヤは書《か》き出《だ》してスッキリ！

ネガティブな感情《かんじょう》をノートにまとめてみよう。なやみも心配《しんぱい》ごとも書《か》き出《だ》してみると、案外《あんがい》たいしたことないって思《おも》えるかも。

CHECK《チェック》 2

気《き》持《も》ちを知《し》って成長《せいちょう》しよう！

ステキな大人《おとな》は、自分《じぶん》の気持《きも》ちをコントロールできるよ。心《こころ》の声《こえ》とじっくり向《む》き合《あ》う時間《じかん》は、あなたを成長《せいちょう》させてくれるはず。

Let's《レッツ》 Try《トライ》!!

最近《さいきん》、何《なに》かなやみごとやモヤモヤしたことはあるかな？　そのできごとを通《とお》して思《おも》ったこと、そして次《つぎ》はどうすればいいと思《おも》うかを言葉《ことば》にしてみよう。

あなた

正直《しょうじき》な気持《きも》ちを書《か》いてみよう

できごと

思《おも》ったこと

次《つぎ》はこうしよう！

例《たと》えば

自分《じぶん》の気持《きも》ちがどんどん見《み》えてくる★

できごと

放課後《ほうかご》にユカリと遊《あそ》ぶ約束《やくそく》をしていたのに「ピアノのレッスンがあるのを忘《わす》れてた」って急《きゅう》にことわられた。ムカッとして「もう知《し》らない！」って言《い》っちゃった。

思《おも》ったこと

そういえば、もうすぐ発表会《はっぴょうかい》があって毎日練習《まいにちれんしゅう》が大変《たいへん》だって言《い》ってたな…。キツい言《い》い方《かた》しちゃったけど、ユカリだって遊《あそ》びたい気《き》持《も》ちはあったかもしれない。

次《つぎ》はこうしよう！

「練習《れんしゅう》、がんばってね」って言《い》ってあげたい。でも、私《わたし》も予定《よてい》を空《あ》けていたから、「約束《やくそく》する前《まえ》にスケジュールは確認《かくにん》してもらえるとうれしいな」って伝《つた》えよう。

※コピーして使《つか》ってね！

レベル 6

目標《もくひょう》を書《か》いて夢《ゆめ》に近《ちか》づこう

どんなスーパースターも、小《ちい》さな目標《もくひょう》をつみ重《かさ》ねて夢《ゆめ》をつかんでいるよ。
目標《もくひょう》を実現《じつげん》するために、書《か》いて言葉《ことば》にすることから始《はじ》めよう。

書《か》くだけで夢《ゆめ》が叶《かな》うって本当《ほんとう》？

どんなことを書《か》けばいい？

勉強《べんきょう》
習《なら》いごと
スポーツ
毎日《まいにち》の習慣《しゅうかん》
オシャレ
健康《けんこう》
ダイエット
将来《しょうらい》の夢《ゆめ》

勉強《べんきょう》にスポーツ、オシャレ、将来《しょうらい》…。「こうなりたい！」って思《おも》う自分《じぶん》は、どんな姿《すがた》をしているかな？　理想《りそう》の自分《じぶん》になるために大切《たいせつ》なのは、ゴールである目標《もくひょう》を明確《めいかく》にすること。目標《もくひょう》がハッキリするとやる気《き》が出《で》るし、達成《たっせい》したときに喜《よろこ》びも高《たか》まるよ。

CHECK《チェック》 1
目標《もくひょう》がハッキリするともっと頑張《がんば》れる！

目標《もくひょう》を明確《めいかく》にすると、やる気UP《きアップ》。たとえば、算数《さんすう》の成績《せいせき》を上《あ》げたいなら「次《つぎ》のテストで＋20点《てん》を取《と》る」など、なるべく具体的《ぐたいてき》にね。

CHECK《チェック》 2
達成《たっせい》したときの喜《よろこ》びは120％《パーセント》★

自分《じぶん》で決《き》めた目標《もくひょう》を達成《たっせい》したときの充実感《じゅうじつかん》はひとしお。途中《とちゅう》でつらくなっても、目標《もくひょう》を書《か》いておくと初心《しょしん》を思《おも》いだして頑張《がんば》れるよ。

Let's《レッツ》 Try《トライ》!!

勉強《べんきょう》や習《なら》いごと、趣味《しゅみ》などで達成《たっせい》したいことや目標《もくひょう》を書《か》いてみよう。
数字《すうじ》などを使《つか》って、なるべく具体的《ぐたいてき》に書《か》くことがポイントだよ。

あなた

目標《もくひょう》は具体的《ぐたいてき》にね。

勉強《べんきょう》

・
・
・
・

生活《せいかつ》

・
・
・
・

その他《ほか》

・
・
・
・

例《たと》えば

勉強《べんきょう》も生活《せいかつ》もまんべんなく！

勉強《べんきょう》

・国語《こくご》のテストで点数《てんすう》を10点上《てんあ》げる
・算数《さんすう》のドリルを全問解《ぜんもんと》く
・自由研究《じゆうけんきゅう》で賞状《しょうじょう》をもらう

生活《せいかつ》

・1学期《がっき》は学校《がっこう》を休《やす》まず皆勤《かいきん》する
・毎朝《まいあさ》ひとりでちゃんと起《お》きる
・ゲームは1時間以内《じかんいない》にする

その他《ほか》

・なわとびを200回《かい》飛《と》べるようになる
・育《そだ》てているサボテンの花《はな》を咲《さ》かせる
・文字《もじ》をきれいに書《か》けるようになる

※コピーして使《つか》ってね！

レベル 7

スケジュールを立《た》てて計画力《けいかくりょく》UP《アップ》

大切《たいせつ》な予定《よてい》をうっかり忘《わす》れてしまったことはない？　スケジュールを書《か》いておけば、やるべきこと、やりたいことがひと目《め》でわかるようになるよ。

スケジュール管理《かんり》でうっかりを予防《よぼう》！

スケジュール帳《ちょう》にはこんなことを書《か》こう！

- すいみん時間《じかん》
- 学校《がっこう》の行事《ぎょうじ》
- 宿題《しゅくだい》
- 習《なら》いごと
- 習慣《しゅうかん》
- 遊《あそ》ぶ約束《やくそく》
- 家族《かぞく》との約束《やくそく》

学校《がっこう》の予定《よてい》、放課後《ほうかご》の習《なら》いごとや友《とも》だちとの約束《やくそく》…。全部《ぜんぶ》頭《あたま》の中《なか》で覚《おぼ》えておくのは大変《たいへん》だよね。そんなとき、先《さき》の予定《よてい》を書《か》いたスケジュールがあると忘《わす》れないから安心《あんしん》。その日《ひ》が終《お》わったら、予定《よてい》どおりにできたこと・できなかったことをふりかえることもできるよ。

CHECK《チェック》 1
いつまでに何《なに》をするかひと目《め》でわかる！

Next…

学校《がっこう》、習《なら》いごと、遊《あそ》び、家族《かぞく》との約束《やくそく》…。予《よ》定《てい》を全部《ぜんぶ》、頭《あたま》の中《なか》で覚《おぼ》えているのは大変《たいへん》だけど、書《か》いて見《み》えるようにしておけば安心《あんしん》！

CHECK《チェック》 2
宿題《しゅくだい》のしめ切《き》りを守《まも》れるようになる！

あっ！
home work

宿題《しゅくだい》を忘《わす》れちゃったことはある？　授業《じゅぎょう》ごとのノートに書《か》くだけじゃなくてスケジュール帳《ちょう》にまとめておけば、ミスはなくなるよ。

Let's《レッツ》 Try《トライ》!!

朝起《あさお》きてから夜ねむるまでを、タイムスケジュールにしてみたよ。スケジュール帳《ちょう》と、P88の「ひとこと日記《にっき》」をセットにするのもおすすめ。

例《たと》えば

4/6 (木《もく》)

□ストレッチする
☑ピアノの練習《れんしゅう》する
□

✔♨おふろそうじの日《ひ》

6 すいみん
用意《ようい》
ストレッチ
9
12 学校《がっこう》
15
れなの家《いえ》で遊《あそ》ぶ
18 宿題《しゅくだい》
夕食《ゆうしょく》、おふろ
21 ピアノの練習《れんしゅう》
バイエル44
すいみん
0

朝《あさ》のんびりしすぎて、ストレッチができなかった。
おふろそうじはちゃんとできたので、お母《かあ》さんによろこんでもらえた。
ピアノは新《あたら》しい曲《きょく》がむずかしすぎる…。

4/7 (金《きん》)

□

6
9
12
15
18
21
0

4/8 (土《ど》)

☑ストレッチする
☑春服《はるふく》を買《か》う
☑20時《じ》からドラマを観《み》る

6 すいみん
犬《いぬ》のさんぽ
9 用意《ようい》
12 家族《かぞく》でランチとお買《か》いもの
15
宿題《しゅくだい》
18 お手伝《てつだ》い
夕食《ゆうしょく》、おふろ、
ストレッチ
21
すいみん
0

暖《あたた》かくなってきたから、春用《はるよう》の上着《うわぎ》を買《か》ってもらった。かわいい水色《みずいろ》でお気《き》に入《い》り♪
テレビをダラダラ見《み》てしまって、気《き》がついたら23時《じ》…。次《つぎ》の日起《ひお》きれなくなっちゃうから、はやくねなきゃ!

目標《もくひょう》や今日《きょう》やることを書《か》こう

できたことにはチェックマーク✓を

遊《あそ》ぶ約束《やくそく》は、どこで・だれとを書《か》こう

待《ま》ち合《あ》わせ場所《ばしょ》や時間《じかん》を書《か》いても!

塾《じゅく》や習《なら》いごとは、今《いま》やってることなどを書《か》いておこう

今日《きょう》のひとこと日記《にっき》や、できたこと・できなかったことを書《か》こう

※コピーして使《つか》ってね!

/ ( )~ / ( )

/ ( )	/ ( )	/ ( )	/ ( )	/ ( )	/ ( )	/ ( )
□ □ □	□ □ □	□ □ □	□ □ □	□ □ □	□ □ □	□ □ □
6	6	6	6	6	6	6
9	9	9	9	9	9	9
12	12	12	12	12	12	12
15	15	15	15	15	15	15
18	18	18	18	18	18	18
21	21	21	21	21	21	21
0	0	0	0	0	0	0

※コピーして使《つか》ってね！

レッスン 2

イラストが上手《じょうず》になるコツを学《まな》ぼう！

文字《もじ》を書《か》くことに自信《じしん》がついてきたら、
次《つぎ》はイラストをマスターしてみない？
動物《どうぶつ》や人間《にんげん》、スタンプ風《ふう》などいろいろなシーンで
使《つか》いたくなるかわいいイラストをたくさん集《あつ》めたよ。
あなたもイラスト上手《じょうず》になっちゃおう♪

ザー…
あーあ…これじゃあドッジボールできないね～
暖《のん》ちゃんいいボールの投《な》げかたあみ出《だ》したのにね…
そう！大《おお》きく振《ふ》りかぶって～～！
ぶんっ
ガターン
わわわわ！

ご、ごめん！
こわれてない!?
なななんとおわびしたらいいか
ううん
だいじょうぶ…
青葉《あおば》爽日《さやか》
!!?

絵《え》、すごい
上手《じょうず》なんだね!
ねこちゃん
かわいい〜!
そんな…
わたしなんか
全然《ぜんぜん》上手《じょうず》じゃないよ
そんなことないよ!
わたしも描《か》いてみよっかな!
でんっ

あれ、なんか全然《ぜんぜん》かわいくないな
じーー
よし！そうとなったら爽日《さやか》ちゃんのイラスト講座《こうざ》スタート～!!
びしっ
わたし!?

好《す》きなテイストを選《えら》んでOK《オーケー》！

センスが光《ひか》る★ライン&《アンド》囲《かこ》みイラスト

真《ま》っ白《しろ》なノートやメモなどを自《じ》分《ぶん》らしくデコって、はなやかにアレンジしちゃおう！
かわいいラインや囲《かこ》みをたくさん紹介《しょうかい》するよ。

ベーシック
点線《てんせん》を
ならべるだけでも
かわいい！
点線《てんせん》の間《あいだ》に
丸《まる》を入《い》れてみよう
ななめ線《せん》も
りっぱな
ラインになる！

ナチュラル

四《よ》つ葉《ば》の
クローバーはグリーンで
統一感《とういつかん》を出《だ》そう

赤《あか》い丸《まる》をみどりの
線《せん》でつなげて
さくらんぼに

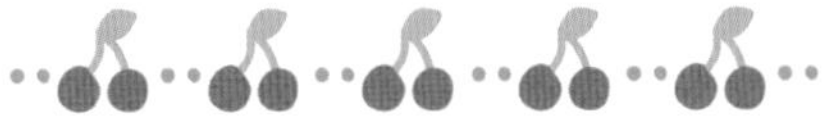

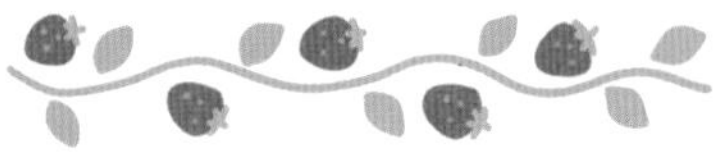

つたはあえて
間《あいだ》を空《あ》けて
描《か》いて

こんなアレンジをしてもOK《オーケー》♪

ノートや手帳《てちょう》の表紙《ひょうし》などをデコるときにも使《つか》えるよ。あなたの好《す》きなテイストでデコってみてね！

キュート&《アンド》ファンタジー

くるくる線《せん》を
つなげてわっかに

大小《だいしょう》の
ハートをならべて

ちょうちょを
アクセントにしよう

モード&《アンド》クール

同系色《どうけいしょく》でぬると
おしゃれに★

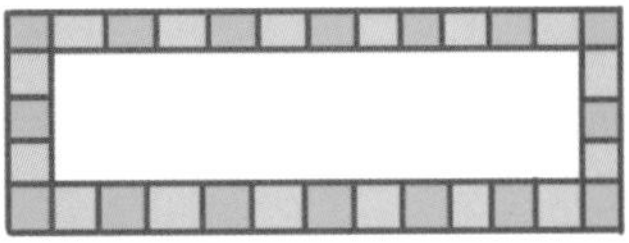

星《ほし》と星《ほし》を点線《てんせん》で
結《むす》んで

こんなアレンジをしてもOK《オーケー》♪

プレゼントにそえるメッセージカードや、タグなどをデコるときにも便利《べんり》。もちろん好《す》きな色《いろ》に変《か》えてもOK《オーケー》!

もようを描《か》いてかわいくしちゃお！

おしゃれにデコ♪テキスタイル風《ふう》イラスト

カードや手紙《てがみ》をかわいくアレンジしたいときに使《つか》ってみて♪
同《おな》じもようでも色《いろ》を変《か》えると雰囲気《ふんいき》がガラッと変《か》わるよ！

2色《しょく》のしずくをランダムに描《か》く！

3色《しょく》の丸《まる》をずらしてならべて

線《せん》の太《ふと》さと色《いろ》を少《すこ》し変《か》えるだけ

整列《せいれつ》した三角形《さんかくけい》がかわいい！

わく線《せん》だけの四角形《しかくけい》をまぜるのがポイント

こんなアレンジをしてもOK《オーケー》♪

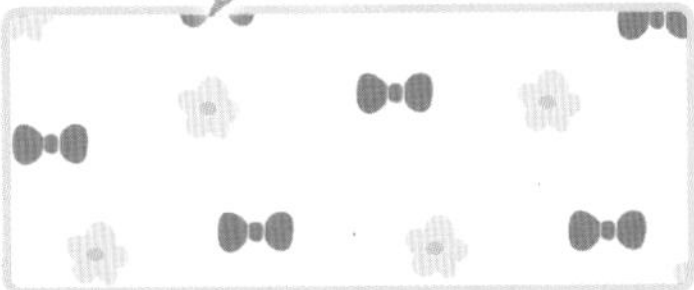

花《はな》とリボンなど、複数《ふくすう》のテキスタイル風《ふう》イラストを組《く》み合《あ》わせてもかわいいよ。

1色《しょく》でも描《か》けちゃうりぼん柄《がら》

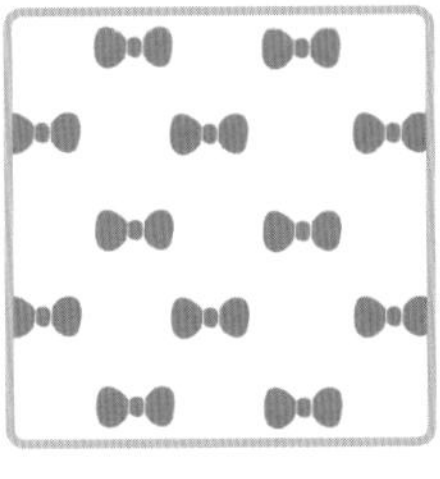

メモや手帳《てちょう》でも感情《かんじょう》が伝《つた》わる！

便利《べんり》なスタンプ風《ふう》イラスト

スタンプ風《ふう》のイラストをそえれば、手紙《てがみ》やメモなどでも相手《あいて》に感情《かんじょう》が伝《つた》わりやすいよ。

楽《たの》しい・HAPPY《ハッピー》

こんなアレンジをしてもOK《オーケー》♪

文字《もじ》とイラストの組《く》み合《あ》わせは自由《じゆう》にアレンジしてもOK《オーケー》だよ。好《す》きなように描《か》いてみよう！

うれしい・ありがとう

わーい

やった〜
最高
うれしさを
ポーズで表現《ひょうげん》！
よかった
しあわせ
うれしい
効果音《こうかおん》を
つけてみよう
感謝
ほわほわ
きゅん
マンガ風《ふう》の
効果線《こうかせん》を入《い》れて
サンキュー
ありがとう
Thank you!

かなしい・ごめんね

しくしく
しずくでかなしみを表《あらわ》して
ガ〜ン
ショック…
つらい…
しょぼん‥
がっかり
影《かげ》をつけるのがポイント！
Sorry…
ごめん
反省しています
ふきだしの形《かたち》をナミナミに
おわびします
ごめんなさい
すみません

おどろき・心配《しんぱい》

目《め》のよこに
線《せん》をつけて

ひたいに
汗《あせ》を描《か》いても

こんなアレンジをしてもOK《オーケー》♪

楽《たの》しみな予定《よてい》がある日《ひ》にイラストを入《い》れてもいいね♪ ワクワク気分《きぶん》がアップしちゃう！

わくわく♪
絵文字《えもじ》はだいぶマスターできてきたかも！
しかし…
どうがんばっても人間《にんげん》が描《か》けないなあ…
ねえねえ爽日《さやか》ちゃんためしにわたしを描《か》いてみて！
えぇっ
できるかな～

うわぁ！特徴《とくちょう》つかんでる！
すごーい！
かわいー♡SNS《エスエヌエス》にあげていい？
…
よし！じゃあ次《つぎ》は人間《にんげん》キャラを描《か》いていこう！
ワーッ
ノリノリだ…

顔《かお》や体《からだ》、パーツごとに練習《れんしゅう》するといいよ♪

似顔絵《にがおえ》を描《か》いてみよう！人物《じんぶつ》イラスト

友《とも》だちや家族《かぞく》の似顔絵《にがおえ》を描《か》けるとじまんできちゃうかも☆

りんかくや目《め》の形《かたち》などをよ～く観察《かんさつ》してみてね！

りんかく

目《め》

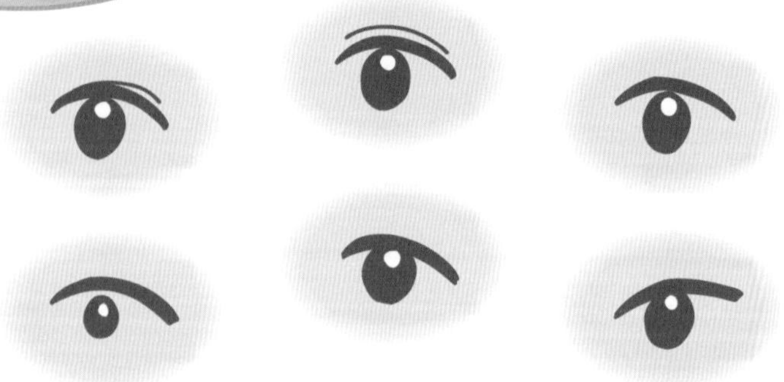

まゆげ

髪《かみ》型《がた》

口《くち》元《もと》

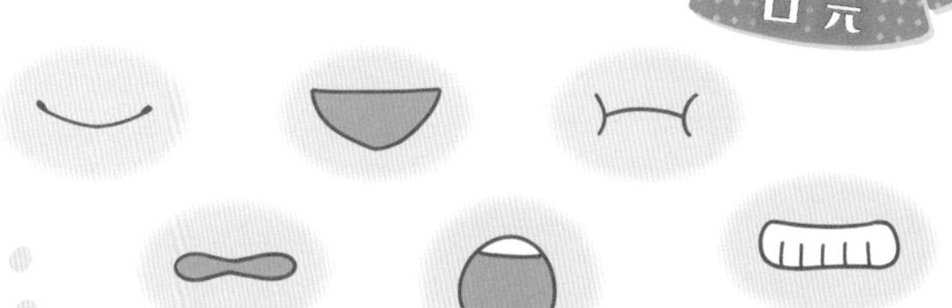

GIRL《ガール》

口《くち》をV《ブイ》の字《じ》に
するとにっこり

ビックリ顔《がお》は
黒目《くろめ》を描《か》かない
ことがポイント

ほっぺを
ふくらませて
プンプン顔《がお》に

BOY《ボーイ》

ポカン顔《がお》は
小《ちい》さく口《くち》を開《あ》けて

まゆげを
りりしく
描《か》いても！

女《おんな》の子《こ》と男《おとこ》の子《こ》、描《か》き分《わ》けるコツは？

女《おんな》の子《こ》は丸《まる》みを、男《おとこ》の子《こ》はシャープさを意《い》識《しき》して描《か》いてみるといいよ！

表情《ひょうじょう》(喜《き》怒《ど》哀《あい》楽《らく》)

目《め》を点《てん》にすると
ビックリ度《ど》が
アップ

やったー

えー!?

にこにこ

えーん

ぷんぷん

にんまり

ほっぺをこい
ピンクでぬろう!

あわあわ

テレテレ

ほっこり

子《こ》どもと大人《おとな》、描《か》き分《わ》けるコツは?

顔《かお》は小《ちい》さめ+パーツは
大《おお》きめだと子《こ》ども風《ふう》、
顔《かお》は大《おお》きめ+パーツは
小《ちい》さめだと大人風《おとなふう》に!

子ども　大人

顔《かお》にたて線《せん》を
描《か》いて

ガーン

ファッション小物《こもの》

ファッションアイテム

長《なが》そで
ノースリーブ
半《はん》そで
すその折《お》り返《かえ》しは
少《すこ》しうすい色《いろ》でぬって
ベスト
セーター
ショートパンツ
スカート
ジャケット
パーカー
ひもをしっかり
描《か》くのがコツ
ローファー
サンダル
ムートンブーツ

似顔絵《にがおえ》を上手《じょうず》に描《か》く3つのポイント

似顔絵《にがおえ》を上手《じょうず》に描《か》けるようになる、3つのポイントを紹介《しょうかい》するよ。
友《とも》だちや家族《かぞく》に協力《きょうりょく》してもらって練習《れんしゅう》してみてね！

ポイント 1

りんかく+耳《みみ》の大《おお》きさをよく観察《かんさつ》しよう

似顔絵《にがおえ》を描《か》くときは、その人《ひと》の特徴《とくちょう》をとらえることが大事《だいじ》だよ。まずはモデルとなる人《ひと》のりんかくの形《かたち》と耳《みみ》の大《おお》きさをよく観察《かんさつ》してみよう。写真《しゃしん》を見《み》るのでもOK《オーケー》だよ。

ポイント 2

目《め》の大《おお》きさと形《かたち》の特徴《とくちょう》をとらえよう

次《つぎ》に目《め》の大《おお》きさと形《かたち》をじっくり観察《かんさつ》してみよう。黒目《くろめ》の大《おお》きさや左右《さゆう》の目《め》の間《あいだ》がどれくらいはなれているかなど、目《め》の形《かたち》や位置《いち》は個性《こせい》が出《で》やすいところだから、特徴《とくちょう》をしっかりとらえよう。

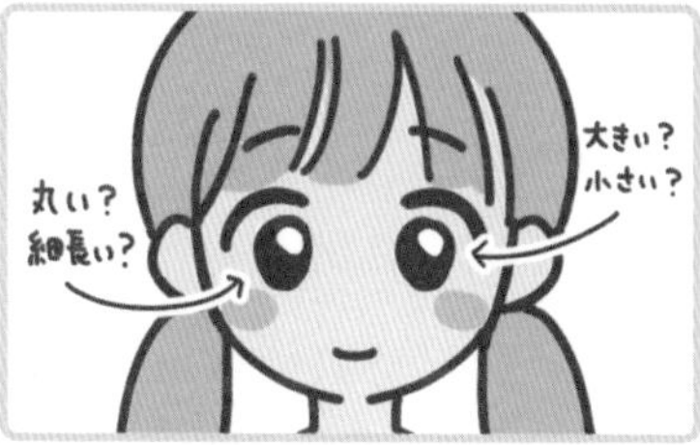

ポイント 3

髪《かみ》の毛《け》は長《なが》さ・量《りょう》・形《かたち》をチェック！

まゆげや口《くち》などを描《か》いたら、最後《さいご》に髪《かみ》の毛《け》を描《か》いて完成《かんせい》！　髪《かみ》の毛《け》を描《か》くときは長《なが》さはもちろん、量《りょう》や形《かたち》にも注目《ちゅうもく》するのがそっくりに描《か》くコツだよ。

あなたはどんなお仕事《しごと》をしてみたい？

あこがれの職業《しょくぎょう》を描《か》いてみよう！

将来《しょうらい》なってみたいあこがれの職業《しょくぎょう》を描《か》いてみよう☆

P121の似顔絵《にがおえ》のポイントを見《み》ながら、顔《かお》や髪型《かみがた》を自分《じぶん》に似《に》せて描《か》いてもいいね。

お仕事《しごと》人気《にんき》ランキング！ベスト10

小学生《しょうがくせい》女子《じょし》に人気《にんき》のお仕事《しごと》ベスト10を調《しら》べてみたよ！
あなたはどんな職業《しょくぎょう》についてみたいかな？

1位《い》 芸能人《げいのうじん》

2位《い》 マンガ家《か》・イラストレーター・アニメーター

3位《い》 ユーチューバー

4位《い》 パティシエ・パティシエール

5位《い》 保育士《ほいくし》・幼稚園《ようちえん》の先生《せんせい》

6位《い》 学校《がっこう》の先生《せんせい》

7位《い》 看護師《かんごし》

8位《い》 作家《さっか》・小説家《しょうせつか》・ライター

9位《い》 デザイナー・ファッションデザイナー

10位《い》 医師《いし》

出典：「進研ゼミ小学講座」小学生 18,000 人に聞きました！ 2023 年総決算ランキング
（2023年11月10～26日実施）

童話《どうわ》の世界《せかい》を表現《ひょうげん》できちゃう！

おとぎ話《ばなし》の世界《せかい》へ！ファンタジーイラスト

小《ちい》さいころや今《いま》でもお気《き》に入《い》りで読《よ》んでいる童話《どうわ》やおとぎ話《ばなし》ってある？
物語《ものがたり》のヒーローやヒロインを自分《じぶん》で描《か》いてみよう☆

赤《あか》ずきん

アリス

ラプンツェル

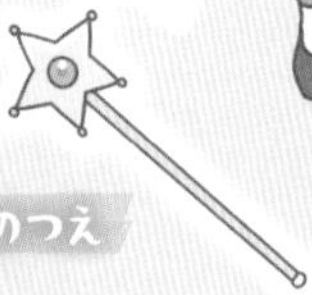

魔法《まほう》のつえ

王冠《おうかん》

毒《どく》りんご

ガラスのくつ

ティアラ

かぐや姫《ひめ》

こんなアレンジをしてもOK《オーケー》♪

ドレスやアイテムの色《いろ》は好《す》きな色《いろ》に変《か》えて描《か》いてもいいね。ガラッと雰《ふん》囲《い》気《き》が変《か》わるかも!

今日《きょう》はうれしいお知《し》らせがあります!
産《さん》休中《きゅうちゅう》の鈴《すず》木《き》先生《せんせい》が無事《ぶじ》に男《おとこ》の子《こ》を出産《しゅっさん》されたそうです!

わ――っっっ
よかったね――っ

鈴木《すずき》先生《せんせい》、元気《げんき》かな～？
おめでとうって伝《つた》えたいな！
出産《しゅっさん》した後《あと》って大変《たいへん》なんだよね
歳《とし》の離《はな》れた弟《おとうと》がいる
はっ
鈴木《すずき》先生《せんせい》にお手紙《てがみ》を書《か》いたらよいのでは…!?

だだだだだっ
七海先生《ななみせんせい》!!
わっ
手紙《てがみ》の書《か》きかた教《おし》えてください！

#わたしレベルアップ計画《けいかく》

プラン2

気《き》持《も》ちが伝《つた》わる文《ぶん》章《しょう》術《じゅつ》

メールやSNS《エスエヌエス》などで、気軽《きがる》に気《き》持《も》ちを伝《つた》えられる
ネット時代《じだい》。だからこそ、心《こころ》のこもった文章《ぶんしょう》が書《か》ける
「お手紙美人《てがみびじん》」を目指《めざ》そう♡

ポイントは使《つか》い分《わ》け！

レベル 1 言葉遣《ことばづか》いをマスターしよう

仲《なか》よしの友《とも》だちから、お世話《せわ》になった学校《がっこう》の先生《せんせい》、はなれて暮《く》らすおじいちゃんやおばあちゃんまで。手紙《てがみ》をわたす相手《あいて》ごとに大切《たいせつ》なポイントをレクチャーするよ。

友《とも》だちの場合《ばあい》

気《き》をつけたいポイント

1. 親《した》しみやすい話《はな》し言葉《ことば》でOK《オーケー》
2. 普段《ふだん》言《い》えない感謝《かんしゃ》の気持《きも》ちを伝《つた》えて
3. 悪口《わるぐち》やネガティブな内容《ないよう》はNG《エヌジー》！
4. 「また遊《あそ》ぼう」など今後《こんご》の約束《やくそく》も入《い》れると◎
5. イラストやシールでかわいくデコって♪
6. 友《とも》だちの好《す》きな色《いろ》や柄《がら》のレターセットで
7. カラフルなペンを使《つか》って楽《たの》しく★

かわいさ&《アンド》楽《たの》しさが最優先《さいゆうせん》!

親《した》しみやすい言葉《ことば》づかいでOK《オーケー》

クラスメイトの仲《なか》よしに、習《なら》いごとの友《とも》だち。いつでも会《あ》って話《はな》したり、気軽《きがる》にメールできる仲《なか》だと、あえて手紙《てがみ》をわたすことは少《すく》ないかも？　相手《あいて》の誕生日《たんじょうび》や発表会《はっぴょうかい》、クリスマスやお正月《しょうがつ》といった行事《ぎょうじ》やイベントなど、ちょっと特別《とくべつ》な日《ひ》に手紙《てがみ》を贈《おく》ってキズナを深《ふか》めよう。

気《き》になる相手《あいて》の場合《ばあい》

気《き》をつけたいポイント

1. 相手《あいて》が返事《へんじ》をしやすい「？」を入《い》れると◎
2. 少《すこ》し落《お》ち着《つ》いた文章《ぶんしょう》で素直《すなお》な気持《きも》ちを
3. うっかり上《うえ》から目線《めせん》に注意《ちゅうい》！
4. 好《す》きな気持《きも》ちは出《だ》しすぎないほうがベター
5. 「今度遊《こんどあそ》ぼう」と、次《つぎ》につながる言葉《ことば》を
6. 相手《あいて》の好《この》みのデザインをリサーチしてみて
7. 直《じか》にわたさず下駄箱《げたばこ》や机《つくえ》に入《い》れてもOK《オーケー》

手紙《てがみ》はあこがれのあの人《ひと》に近《ちか》づく第一歩《だいいっぽ》！

意中《いちゅう》のカレやあこがれのクラスメイト…。「友《とも》だちみたいに気軽《きがる》にお話《はな》しできないけど、本当《ほんとう》はもっと仲《なか》よくなりたい」、そんな気《き》になる相手《あいて》には、お手紙《てがみ》から始《はじ》めてみるのがいいかも！ 「ファンレター」を書《か》くように、相手《あいて》のいいところや好《す》きなところをアピールしよう。

レベルアップのコツ

ハッピーな言葉《ことば》を心《こころ》がけよう♡

相手《あいて》が読《よ》んだあと、うれしい気《き》持《も》ち、楽《たの》しい気持《きも》ちになれるハッピーな言葉選《ことばえら》びが基本《きほん》。だれかの悪口《わるぐち》やグチなど、ネガティブ発言《はつげん》はやめておこう！

先輩《せんぱい》の場合《ばあい》

気《き》をつけたいポイント

1. 「です・ます」のていねい語《ご》が基本《きほん》
2. 一緒《いっしょ》に過《す》ごした楽《たの》しい思《おも》い出《で》にふれよう
3. 尊敬《そんけい》しているところ、ステキなところを伝《つた》えて
4. 先輩《せんぱい》から学《まな》んだことを書《か》こう
5. 相手《あいて》のこれからを応援《おうえん》する言葉《ことば》を
6. テンションが高《たか》すぎるのはNG《エヌジー》！
7. 寄《よ》せ書《が》きの場合《ばあい》はスペース配分《はいぶん》に注意《ちゅうい》

引退《いんたい》や卒業《そつぎょう》のタイミングで感謝《かんしゃ》と尊敬《そんけい》の気持《きも》ちを伝《つた》えて

部活《ぶかつ》や委員会《いいんかい》などでお世話《せわ》になった、年《とし》の近《ちか》い先輩《せんぱい》たちには、引退《いんたい》シーズンや卒業式《そつぎょうしき》など、お別《わか》れのタイミングに、感謝《かんしゃ》の気持《きも》ちを手紙《てがみ》にこめて贈《おく》るとよろこんでもらえるはず。個人的《こじんてき》な手紙《てがみ》以外《いがい》でも、同学年《どうがくねん》のメンバーでメッセージを寄《よ》せ書《が》きしてプレゼントしてもいいね！

レベルアップのコツ

手紙《てがみ》はわたすタイミングがキモ！

友《とも》だちと一緒《いっしょ》にいるときに、急《きゅう》に手紙《てがみ》をわたされるとびっくりされちゃうかも。直《じか》にわたすなら、相手《あいて》が1人《ひとり》でいるタイミングがベストだよ。

先生《せんせい》の場合《ばあい》

気《き》をつけたいポイント

1. 敬語《けいご》を正《ただ》しく使《つか》おう
2. 季節《きせつ》のあいさつではじめるとGOOD《グッド》
3. 読《よ》みやすい字《じ》をていねいに書《か》こう
4. 勉強《べんきょう》に関《かん》する目標《もくひょう》やアピールも◎
5. 体《からだ》を気《き》づかう言葉《ことば》を入《い》れて
6. 落《お》ち着《つ》いたデザインを選《えら》ぼう
7. 自分《じぶん》が写《うつ》った写真《しゃしん》を入《い》れてもOK《オーケー》

年賀状《ねんがじょう》や暑中見舞《しょちゅうみま》いなど

長期休《ちょうきやす》みのごあいさつ

担任《たんにん》の先生《せんせい》などには、少《すこ》し会《あ》えない期間《きかん》が続《つづ》く長期《ちょうき》のお休《やす》みのタイミングで、年賀状《ねんがじょう》や暑中見舞《しょちゅうみま》いを出《だ》してみるといいね。今年《ことし》お世話《せわ》になっている先生《せんせい》はもちろん、卒園《そつえん》・卒業《そつぎょう》した幼稚園《ようちえん》や学校《がっこう》の先生《せんせい》に送《おく》るのもO《オー》K《ケー》。最近《さいきん》あった出来事《できごと》などを交《まじ》えて、季節《きせつ》のあいさつをしてみよう。

レベルアップのコツ

わたしかたまですてきにしよう

手紙《てがみ》のわたしかたにもマナーがあるって知《し》ってる？　手紙《てがみ》を表《おもて》向《む》きにしたら相手《あいて》の方《ほう》に向《む》きを変《か》えて、両手《りょうて》で持《も》って、ていねいに差《さ》し出《だ》そう。

家族《かぞく》の場合《ばあい》

気をつけたいポイント

1. 恥《は》ずかしがらず 素直《すなお》な気持《きも》ちで
2. 何《なに》に感謝《かんしゃ》しているのかを 具体的《ぐたいてき》に書《か》けると◎
3. ギフトや花《はな》にそえても GOOD《グッド》！
4. あやまりたいことを 書《か》いてもOK《オーケー》
5. 楽《たの》しかった思《おも》い出《で》に ふれるのもOK《オーケー》
6. 最後《さいご》は 「これからもよろしくね」
7. 趣味《しゅみ》や好《この》みに合《あ》う レターセットで♡

「いつもありがとう」を 一番《いちばん》伝《つた》えるべき相手《あいて》

もっとも身近《みぢか》にいる存在《そんざい》だからこそ、あらためて手紙《てがみ》を書《か》くのはちょっと照《て》れちゃうかも？　でも実《じつ》は一番《いちばん》、「ありがとう」を伝《つた》えるべき相手《あいて》だよ。両親《りょうしん》には母《はは》の日《ひ》や父《ちち》の日《ひ》、誕生日《たんじょうび》などに、普段《ふだん》に言《い》えていない感謝《かんしゃ》のメッセージを届《とど》けてみよう。

レベルアップのコツ

手紙《てがみ》の種類《しゅるい》は 大《おお》きく分《わ》けて2つ

便《びん》せんとふうとうがセットになった「レター」と、1枚《まい》の紙《かみ》の表《おもて》とうらに文字《もじ》を書《か》く「ハガキ(ポストカード)」があるよ。贈《おく》る言葉《ことば》によって使《つか》い分《わ》けて。

祖父母《そふぼ》・親戚《しんせき》の場合《ばあい》

気《き》をつけたいポイント

1. 少《すこ》し大《おお》きめの読《よ》みやすい文字《もじ》で
2. 略《りゃく》された言葉《ことば》や流行《りゅうこう》の言葉《ことば》はさけよう
3. 最近《さいきん》あったことや頑張《がんば》ってることを伝《つた》える
4. 体《からだ》を気《き》づかう言葉《ことば》を入《い》れて
5. ペンはカラフルよりも少《すく》ない色《いろ》で読《よ》みやすく
6. 「ありがとう」の感謝《かんしゃ》の気持《きも》ちも忘《わす》れずに
7. 会《あ》いたい気持《きも》ちを素直《すなお》に伝《つた》えて

はなれていても伝《つた》えたい 大好《だいす》きの気持《きも》ち

おじいちゃんやおばあちゃん、親戚《しんせき》のおじさんやおばさん。なかには家《いえ》がはなれていて、年《ねん》に数回《すうかい》しか会《あ》えない人《ひと》もいるよね。だからこそ、手《て》元《もと》にモノとして残《のこ》る手紙《てがみ》のプレゼントは、とってもよろこんでもらえるよ。年《とし》のはなれた大人《おとな》が読《よ》みやすい言葉《ことば》の使《つか》いかたを心《こころ》がけよう。

レベルアップのコツ

切手《きって》&《アンド》ふうとうはしっかり「のりづけ」を

配達《はいたつ》の途中《とちゅう》に切手《きって》が取《と》れたりふうとうの口《くち》が開《あ》いてしまう…なんてアクシデントがないように、ふうとうにしっかり「のりづけ」して接着《せっちゃく》しよう。

こんなときなんて言《い》う!?

レベル 2

お役《やく》立《だ》ち例文集《れいぶんしゅう》

同《おな》じ意味《いみ》でも、友《とも》だちと先生《せんせい》で伝《つた》えるときに選《えら》ぶ言葉《ことば》はちがうよね。気《き》持《も》ちを表現《ひょうげん》するとき、たくさんの書《か》きかたを知《し》っていると、文章《ぶんしょう》にもミガキがかかるよ★

●ありがとうの気《き》持《も》ち

サンキュー！　助《たす》かったよ　感謝《かんしゃ》いたします

○○のおかげ　ご恩《おん》は忘《わす》れません

マハロ～！　身《み》に余《あま》る思《おも》いです

ありがたいです　おおきに～　謝謝《シエシエ》！

●だいすきの気《き》持《も》ち

アイラブユー♡　サランヘヨ　愛《あい》してるよ

きゅん！　ジュテーム　お気《き》に入《い》りです

○○に目《め》がない　すっきゃねん！

我愛你《ウォーアイニー》　ドキドキしちゃう　アロハ

こうやって使《つか》ってね!

たとえば感謝《かんしゃ》を伝《つた》える場合《ばあい》、「ありがとう」のあとに、「○○してくれて助《たす》かったよ」「○○ちゃんのおかげだよ」と言《い》い回《まわ》しを変《か》えて書《か》くと、文章《ぶんしょう》に深《ふか》みが増《ま》すよ。

うれしいの気持《きも》ち

とってもしあわせ♡
ハッピー!
たいへん光栄《こうえい》です
大満足《だいまんぞく》です
胸《むね》がいっぱいです
舞《ま》い上《あ》がりそう
ごきげん★
感激《かんげき》だよ〜
ウキウキ♪

おめでとうの気持《きも》ち

やったね
祝《しゅく》!○○
お祝《いわ》い申《もう》し上《あ》げます
Congratulation《コングラッチュレーション》!
よかったね
おめでたい!
お慶《よろこ》び申《もう》し上《あ》げます

●がんばれの気持《きも》ち

自分《じぶん》のペースで！

グッドラック

ファイト！

ファイティン！

いい感《かん》じ★

その調子《ちょうし》だよ

健闘《けんとう》を祈《いの》ってる

あなたならできる！

いつも味方《みかた》だよ

かげながら応援《おうえん》しています

●おどろきの気持《きも》ち

うそでしょ！？

想定外《そうていがい》!!

オーマイゴッド！

ぽかーん…

頭《あたま》が真《ま》っ白《しろ》！

信《しん》じられない…

まさか…!?

●ごめんねの気持《きも》ち

おわびもうしあげます

申《もう》し訳《わけ》ありません

反省《はんせい》してます

ご迷惑《めいわく》おかけしました

失礼《しつれい》しました

おさわがせしました

ソーリー…

以後《いご》、気《き》をつけます

ざんねんの気持《きも》ち

がっかりだよ

ショック…

お気《き》の毒《どく》さま

ドンマイ！

心残《こころのこ》りです

無念《むねん》です

くやしい・怒《いか》りの気持《きも》ち

ゆるせない！

ぷんぷん

不機嫌《ふきげん》

カッとする

頭《あたま》にくる

さようならのあいさつ

バイバーイ！

またお会《あ》いしましょう

お元気《げんき》で

ご自愛《じあい》ください

またね

おつかれさま～

失礼《しつれい》します

ご機嫌《きげん》よう

レベル 3

これが大人《おとな》のマナー⁉

季節《きせつ》のあいさつ例文集《れいぶんしゅう》

四季《しき》が豊《ゆた》かな日本《にほん》ならではの「季節《きせつ》のあいさつ」は、大人《おとな》のマナー。
これが自然《しぜん》に使《つか》えるようになれば、お手紙《てがみ》の達人《たつじん》！

手紙《てがみ》に季節《きせつ》のあいさつを取《と》り入《い》れよう

季節《きせつ》のあいさつは、四季《しき》の移《うつ》り変《か》わりを表《あらわ》すあいさつで、相手《あいて》の健康《けんこう》を気《き》づかう意味《いみ》もあるよ。大切《たいせつ》なマナーだけど、堅苦《かたくる》しく考《かんが》えなくてOK《オーケー》。「桜《さくら》の花《はな》が咲《さ》いてきたな…」「セミのなき声《ごえ》が聞《き》こえはじめたな…」など、身《み》のまわりでふと感《かん》じた季節《きせつ》の変化《へんか》だってあいさつ文《ぶん》に使《つか》えるよ。

1月《がつ》

上旬《じょうじゅん》 お元気《げんき》で新年《しんねん》を
お迎《むか》えのことと存《ぞん》じます

中旬《ちゅうじゅん》 楽《たの》しかった冬休《ふゆやす》みも
あっという間《ま》に終《お》わりましたね

下旬《げじゅん》 寒中《かんちゅう》お見舞《みま》い申《もう》し上《あ》げます

2月《がつ》

上旬《じょうじゅん》 真冬《まふゆ》の寒《さむ》さが
続《つづ》いております

中旬《ちゅうじゅん》 お店《みせ》に並《なら》ぶチョコレートに
目《め》うつりしています

下旬《げじゅん》 寒《さむ》さの中《なか》にも春《はる》の足音《あしおと》が
聞《き》こえてきます

3月《がつ》

上旬《じょうじゅん》 桃《もも》の節句《せっく》もすぎ、
春《はる》めいてまいりました

中旬《ちゅうじゅん》 卒業式《そつぎょうしき》シーズン、
少《すこ》しさびしさを感《かん》じる日々《ひび》です

下旬《げじゅん》 桜吹雪《さくらふぶき》が舞《ま》うころになりました

4月《がつ》

上旬《じょうじゅん》 春《はる》らんまんの
時期《じき》を迎《むか》えました

中旬《ちゅうじゅん》 桜《さくら》の見《み》ごろもすぎ、
あっという間《ま》に葉桜《はざくら》となりました

下旬《げじゅん》 新年度《しんねんど》のあわただしさも
落《お》ち着《つ》いたころでしょうか

こうやって使《つか》ってね！

手紙《てがみ》の書《か》き出《だ》しに用《もち》いることで、一文目《いちぶんめ》から季節《きせつ》を感《かん》じられるすてきな文章《ぶんしょう》になるね。まずは天候《てんこう》や季節《きせつ》の植物《しょくぶつ》、イベントに注目《ちゅうもく》してみよう！

5月《がつ》

上旬《じょうじゅん》　若葉《わかば》のさわやかな季節《きせつ》です

中旬《ちゅうじゅん》　ゴールデンウィークは楽《たの》しく過《す》ごされましたか

下旬《げじゅん》　汗《あせ》ばむような陽気《ようき》の日《ひ》も多《おお》くなってきました

6月《がつ》

上旬《じょうじゅん》　梅雨《つゆ》入《い》りを迎《むか》え、不安定《ふあんてい》な天気《てんき》が続《つづ》いております

中旬《ちゅうじゅん》　あじさいの花《はな》の鮮《あざ》やかさが雨粒《あまつぶ》に映《は》える季節《きせつ》です

下旬《げじゅん》　梅雨明《つゆあ》けも近《ちか》づくころとなりました

7月《がつ》

上旬《じょうじゅん》　七夕飾《たなばたかざ》りが街《まち》を彩《いろど》るころとなりました

中旬《ちゅうじゅん》　暑中《しょちゅう》お見舞《みま》い申《もう》し上《あ》げます

下旬《げじゅん》　せみしぐれが夏《なつ》のおとずれを伝《つた》えています

8月《がつ》

上旬《じょうじゅん》　熱帯夜《ねったいや》の続《つづ》く毎日《まいにち》ですね

中旬《ちゅうじゅん》　残暑《ざんしょ》お見舞《みま》い申《もう》し上《あ》げます

下旬《げじゅん》　夏休《なつやす》みも残《のこ》り少《すく》なくなりました

9月《がつ》

上旬《じょうじゅん》　まだまだ残暑《ざんしょ》が続《つづ》いております

中旬《ちゅうじゅん》　朝夕《あさゆう》はようやく過《す》ごしやすくなりました

下旬《げじゅん》　味覚《みかく》の秋《あき》を迎《むか》えました

10月《がつ》

上旬《じょうじゅん》　金木犀《きんもくせい》がほのかに香《かお》っています

中旬《ちゅうじゅん》　衣替《ころもが》えをして秋《あき》の深《ふか》まりを待《ま》つばかりです

下旬《げじゅん》　秋《あき》も深《ふか》まり肌寒《はだざむ》くなってまいりました

11月《がつ》

上旬《じょうじゅん》　さわやかな小春日和《こはるびより》が続《つづ》く今日《きょう》このごろ

中旬《ちゅうじゅん》　紅葉《こうよう》の季節《きせつ》を迎《むか》えました

下旬《げじゅん》　こたつが恋《こい》しい季節《きせつ》になりました

12月《がつ》

上旬《じょうじゅん》　カレンダーも最後《さいご》の1枚《まい》となりました

中旬《ちゅうじゅん》　街中《まちじゅう》がクリスマスモード一色《いっしょく》です

下旬《げじゅん》　お正月《しょうがつ》の準備《じゅんび》に何《なに》かとお忙《いそが》しいことでしょう

レベル 4

正《ただ》しいあて名《な》の書《か》きかた

ポストに入《い》れたり、郵便局《ゆうびんきょく》に行《い》って出《だ》す手紙《てがみ》は、配達員《はいたついん》さんが困《こま》らないようにきれいにあて名《な》を書《か》くことが大切《たいせつ》だよ。切手《きって》を貼《は》るのも忘《わす》れずに。

ふうとう

ヨコ

相手《あいて》の郵便番号《ゆうびんばんごう》。
枠内《わくない》にはっきり書《か》くこと

(おもて)

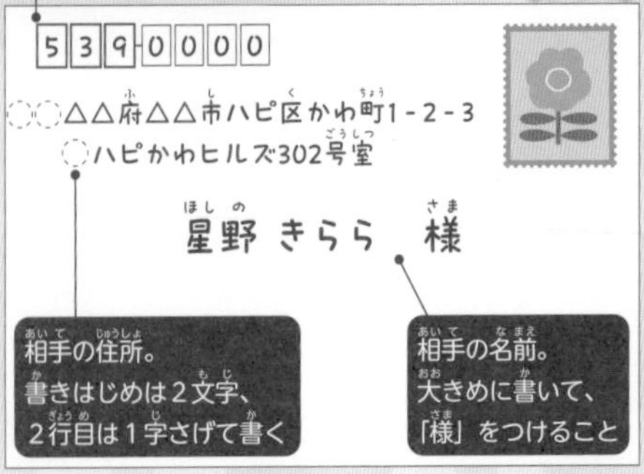

自分《じぶん》の郵便番号《ゆうびんばんごう》。
枠《わく》がない場合《ばあい》は
「〒」をつける

(うら)

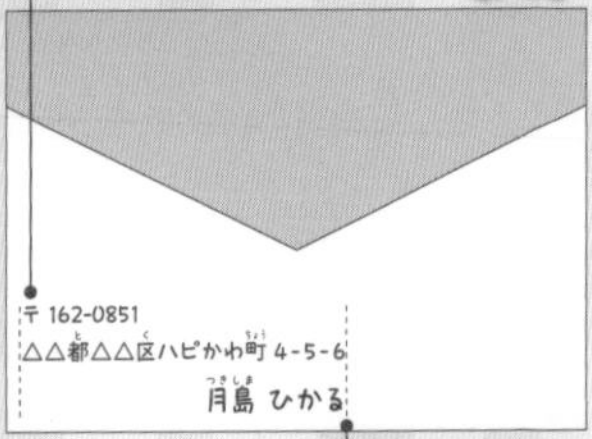

左右《さゆう》をそろえると
キレイに見《み》えるよ

タテ

(おもて)

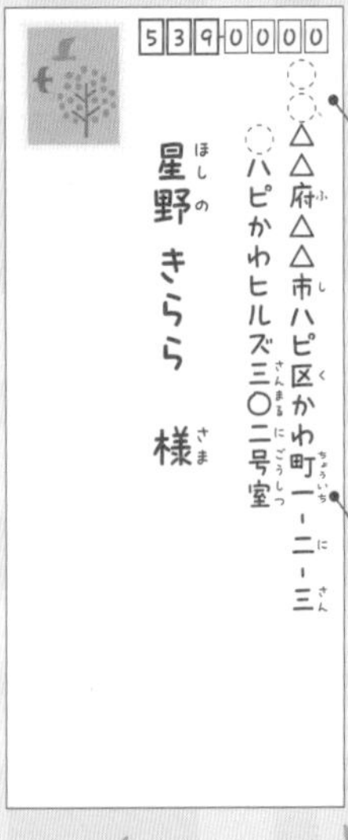

書《か》きはじめは2文字《もじ》、
2行目《ぎょうめ》は1字《じ》さげて書《か》く

タテ書《が》きの場合《ばあい》は、
数字《すうじ》を漢字《かんじ》で書《か》くよ

(うら)

そろえると
キレイに見《み》えるよ

こうやって使《つか》ってね！

ふうとうや手紙《てがみ》を郵送《ゆうそう》するときは、タテ書《が》きとヨコ書《が》きで書《か》き方《かた》が少《すこ》し違《ちが》うよ。このページの例《れい》を参考《さんこう》に、文字《もじ》のバランスや大《おお》きさにも注意《ちゅうい》しよう。

ハガキ

タテ

年賀状専用《ねんがじょうせんよう》のハガキなら切手《きって》はなくてOK《オーケー》

郵便番号《ゆうびんばんごう》と都道府県《とどうふけん》は省略《しょうりゃく》せずに書《か》こう

タテ書《が》きの場合《ばあい》は、数字《すうじ》を漢字《かんじ》で書《か》くよ

自分《じぶん》の住所《じゅうしょ》と名前《なまえ》、左下《ひだりした》の枠内《わくない》に自分《じぶん》の郵便番号《ゆうびんばんごう》を書《か》くよ

相手《あいて》の名前《なまえ》は真《ま》ん中《なか》に大《おお》きく書《か》くよ

ヨコ

ヨコ向《む》きのハガキはめずらしいけど、相手《あいて》の宛先《あてさき》はヨコ向《む》きのふうとうと同《おな》じ書《か》きかた

切手《きって》を貼《は》るのを忘《わす》れずにね

自分《じぶん》の宛先《あてさき》は右下《みぎした》にまとめて書《か》くよ

レベルアップのコツ

季節《きせつ》のあいさつをハガキで出《だ》そう

年賀状《ねんがじょう》や暑中《しょちゅう》お見舞《みま》いなども季節《きせつ》のあいさつだよ。メールやSNS《エスエヌエス》を使《つか》ったあいさつもすてきだけど、ハガキが届《とど》くと相手《あいて》もよろこぶね♪

知《し》っとこ！

手紙《てがみ》は大《おお》きさと重《おも》さで切手《きって》のねだんが変《か》わる！

知《し》っていればひと安心《あんしん》！　郵便《ゆうびん》のルール

ふうとうに入《はい》った手紙《てがみ》は、郵便局《ゆうびんきょく》では「定型郵便物《ていけいゆうびんぶつ》」とよばれているよ。切手《きって》のねだんは、ハガキは63円《えん》、定型郵便物《ていけいゆうびんぶつ》は大《おお》きさと重《おも》さによってちがうよ。せっかく書《か》いた手紙《てがみ》も切《きっ》手《て》のねだんが足《た》りないと戻《もど》ってきたり、相手《あいて》が足《た》りない分《ぶん》を払《はら》わないといけないこともあるから注意《ちゅうい》。

切手《きって》はどこで買《か》うの？

郵便局《ゆうびんきょく》はもちろん、コンビニエンスストアなどでも売《う》っているよ。また、郵便局《ゆうびんきょく》のネットショップでも買《か》えるよ。

重《おも》さがよくわからないときは？

手紙《てがみ》の重《おも》さがわからない場合《ばあい》は、郵便局《ゆうびんきょく》の窓口《まどぐち》に行《い》くのがおすすめ。手紙《てがみ》の重《おも》さをはかって切手《きって》のねだんを教《おし》えてくれるから安心《あんしん》だよ。

郵便料金《ゆうびんりょうきん》の一覧《いちらん》

ハガキ	規定《きてい》サイズ（14〜15.4cm《センチメートル》×9〜10.7cm《センチメートル》　2〜6g《グラム》）	63円《えん》
定形郵便物《ていけいゆうびんぶつ》（ふうとう）	長《なが》さ23.5×12cm《センチメートル》以内《いない》・厚《あつ》さ1cm《センチメートル》以内《いない》・重《おも》さ25g《グラム》以内《いない》	84円《えん》
	長《なが》さ23.5×12cm《センチメートル》以内《いない》・厚《あつ》さ1cm《センチメートル》以内《いない》・重《おも》さ50g《グラム》以内《いない》	94円《えん》
定形外郵便物《ていけいがいゆうびんぶつ》（大《おお》きいふうとう）	長《なが》さ34×25cm《センチメートル》以内《いない》・厚《あつ》さ3cm《センチメートル》以内《いない》・重《おも》さ50g《グラム》以内《いない》	120円《えん》
	長《なが》さ34×25cm《センチメートル》以内《いない》・厚《あつ》さ3cm《センチメートル》以内《いない》・重《おも》さ100g《グラム》以内《いない》	140円《えん》

郵便料金《ゆうびんりょうきん》は2024年《ねん》１月現在《がつげんざい》の情報《じょうほう》です。

もうすぐ夏休《なつやす》みだー!!
今年《ことし》は3人《にん》でたくさん遊《あそ》べるといいね!
遊《あそ》ぶのもいいけど宿題《しゅくだい》も早《はや》めに終《お》わらせておきたいな
宿《しゅく》題《だい》

毎日《まいにち》、日記《にっき》をつけられる気《き》がしません爽日《さやか》先生《せんせい》～
日記《にっき》って一番《いちばん》おもしろくないかもしれない…
チッチッチッ
きみたちは今《いま》まで何《なに》を学《まな》んできたのだね？
フーんっ
あはは
はりきってる
かわいい

夏休《なつやす》みの日記《にっき》にこそイラストをそえるのだよ!
!!?
すごーいっ
へふふ
これでもっと夏休《なつやす》みが楽《たの》しくなっちゃうかも!?
よっしゃー!いっぱい思《おも》い出《で》作《つく》るぞー!

動物《どうぶつ》を描《か》けるようになっちゃおう！

かわいい♥動物《どうぶつ》イラスト

好《す》きな動物《どうぶつ》を上手《じょうず》に描《か》けるようになるとうれしいよね。
動物園《どうぶつえん》や水族館《すいぞくかん》などで見《み》ることができる身近《みぢか》な動物《どうぶつ》たちを描《か》いてみよう♪

身近《みぢか》な動物《どうぶつ》たち

目《め》は大《おお》きめに
描《か》くとかわいい♡

ねこ

いぬ

とさかとしっぽは
大《おお》きく描《か》こう！

体《からだ》に対《たい》して
手足《てあし》は小《ちい》さめに

モルモット

にわとり

ひよこ

ハムスター

ひつじ

さる

きりん

大《おお》きな耳《みみ》と鼻《はな》が
ポイントだよ

ぞう

うま

たれ目《め》に描《か》くと
パンダっぽさが
出《で》やすい

りっぱなタテガミを
わすれずに！

ライオン

パンダ

こんなアレンジをしてもOK《オーケー》♪

笑《わら》っている顔《かお》、泣《な》いている顔《かお》、
怒《おこ》っている顔《かお》など、動物《どうぶつ》の表情《ひょうじょう》
をいろいろ変《か》えて描《か》いてみてね！

森《もり》の動物《どうぶつ》たち

海《うみ》の動物《どうぶつ》たち

ペンギン

しろくま

まゆげは小《ちい》さめの丸《まる》で描《か》く

あざらし

くらげ

うみがめ

チンアナゴ

ニシキアナゴ

個性的《こせいてき》なもようをしっかり描《か》こう

カクレクマノミ

イルカ

体《からだ》のもようを変《か》えるだけでOK《オーケー》

こんなアレンジをしてもOK《オーケー》♪

うさぎはにんじん、ペンギンは魚《さかな》など動物《どうぶつ》に合《あ》わせてアイテムを組《く》み合《あ》わせて描《か》いてもかわいいよ！

季節《きせつ》ごとによく見《み》る植物《しょくぶつ》を描《か》いてみよう！

春夏秋冬《しゅんかしゅうとう》・四季《しき》の植物《しょくぶつ》イラスト

四季《しき》がある日本《にほん》では、季節《きせつ》によっていろんな植物《しょくぶつ》を見《み》ることができるよね。
よく見《み》かける植物《しょくぶつ》イラストを集《あつ》めてみたよ！

春《はる》～夏《なつ》の植物《しょくぶつ》

秋《あき》〜冬《ふゆ》の植物《しょくぶつ》

小《ちい》さい花《はな》を
いっぱい
描《か》いてみよう

きんもくせい

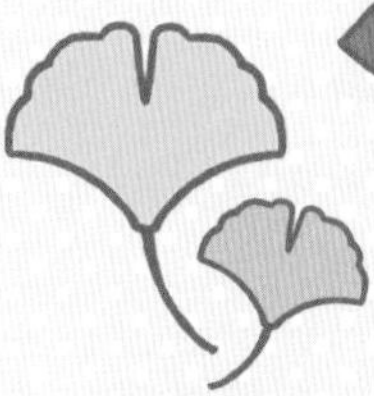

いちょう

もみじ

どんぐり

こすもす

つばき

葉《は》っぱをそえると
すいせんらしさが
アップ

すいせん

花《はな》びらの重《かさ》なり
かたに注目《ちゅうもく》して

パンジー

こんなアレンジをしてもOK《オーケー》♪

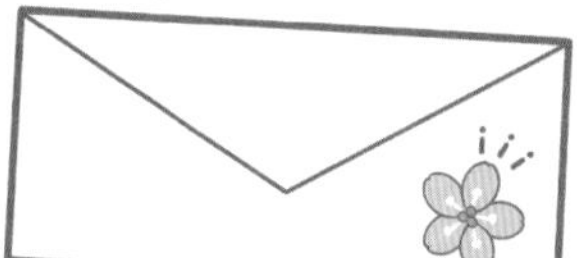

季節《きせつ》の植物《しょくぶつ》イラストを手紙《てがみ》やおたより
などにそえると、季節感《きせつかん》を出《だ》すことが
できておすすめだよ。

おいしそうに描《か》くコツが知《し》りたい!

食《た》べもの＆《アンド》飲《の》みものイラスト

おいしそうな食《た》べもの ＆《アンド》 飲《の》みものをイラストで描《か》いてみよう。
描《か》けるイラストのバリエーションがどんどん増《ふ》えると楽《たの》しくなるね♪

食《た》べもの

とろけるチーズが
おいしそう!

ピザ

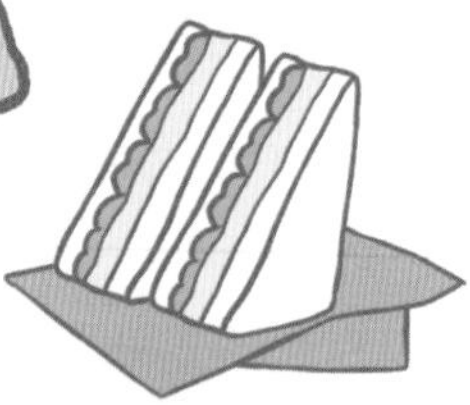

サンドイッチ

めんは1本《ぽん》ずつ
描《か》かなくても OK《オーケー》

ハンバーグ

スパゲティ

グラタン

大小《だいしょう》の長方形《ちょうほうけい》を
ランダムに
ならべて描《か》くよ

ハンバーガー

フライドポテト

オムライス

ケチャップに
ツヤを入《い》れて
みよう

こんなアレンジをしてもOK《オーケー》♪

食《た》べものがのっているお皿《さら》やペーパーナプキンの模様《もよう》を変《か》えて、個性《こせい》を演出《えんしゅつ》してもいいね！

飲《の》みもの

こんなアレンジをしてもOK《オーケー》♪

ホイップクリームやレモンなどのトッピングを変《か》えたり、飲《の》みものの色《いろ》を変《か》えてみても。

レモンスカッシュ
まっ茶《ちゃ》ラテ
クリームにグレーで影《かげ》をつけると立体感《りったいかん》が出《で》るよ
カフェラテ
紅茶《こうちゃ》
コーヒー
ハートでラテアートを描《か》くとキュート♡
こんがりマシュマロをそえてもGOOD《グッド》!
ココア
緑茶《りょくちゃ》
牛乳《ぎゅうにゅう》=青《あお》
いちご牛乳《ぎゅうにゅう》=ピンクと紙《かみ》パックの色《いろ》で差《さ》を出《だ》そう
フルーツ牛乳《ぎゅうにゅう》
MILK
いちご牛乳《ぎゅうにゅう》
MILK
牛乳《ぎゅうにゅう》

おしゃれをみがきたいあなたにおすすめ♥

おしゃれ小物《こもの》イラスト

おしゃれガールは大《だい》注《ちゅう》目《もく》！　メイクやファッションなど
おしゃれにまつわる小物《こもの》イラストの描《か》きかたをマスターしちゃおう！

くし
かがみは色《いろ》を全面《ぜんめん》に
ぬらないのがコツ
手《て》かがみ
リップ
ブラシの先《さき》は
ゆるやかな
曲線《きょくせん》にして
マニキュア
3本線《ぼんせん》で
ヘアドライヤーの
風《かぜ》を表現《ひょうげん》！
ビューラー
メイクブラシ
まつげを
そえて描《か》いても
おしゃれ♪
ヘアドライヤー
マスカラ

つばは
せまめに描《か》くのが
今《いま》っぽい♡

ベレー帽《ぼう》

ハット

キャップ

リボンやフリルは
お好《この》みで変《か》えても

リュック

ハンドバッグ

ショルダーバッグ

ヒールをなくすと
バレエシューズ風《ふう》

パンプス

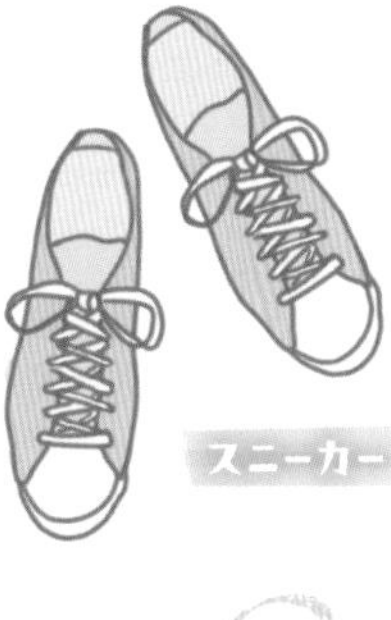

スニーカー

こんなアレンジをしてもOK《オーケー》♪

「持《も》ちものリスト」などをつくるときにアイテムのイラストをそえるとわかりやすいよ!

おうちや学校《がっこう》、習《なら》いごと…シーンごとに探《さが》しやすい！

［シーン別《べつ》］アイテム＆《アンド》モチーフイラスト

身近《みぢか》な小物《こもの》やアイテムのイラストをシーンごとにまとめたよ。
どんなモチーフでも描《か》けるようになるとじまんだね！

おうち

長方形《ちょうほうけい》と正方形《せいほうけい》の
組《く》み合《あ》わせで描《か》けちゃう！

マンション

一軒家《いっけんや》

バスタブ

ゲーム機

テレビ

こんなアレンジをしてもOK《オーケー》♪

理想《りそう》のお部屋《へや》を想像《そうぞう》するとき、イラストに
おこしてみるとイメージがわきやすいかも!?

パソコン

キーボードは
シンプルなマスを
描《か》くだけでOK《オーケー》

写真立《しゃしんた》て
トゲトゲは
直線《ちょくせん》で表現《ひょうげん》して
いるよ
観葉植物《かんようしょくぶつ》
スタンドライト
クッション
ベッド
まど
テーブル
勉強机《べんきょうづくえ》
チェスト
いすの色《いろ》を変《か》えると
アクセントになるね
本《ほん》だな

学《がっ》校《こう》

校庭《こうてい》
小学校《しょうがっこう》
机《つくえ》といすの脚《あし》は
細《ほそ》めに描《か》いて
白《しろ》で日付《ひづけ》を描《か》くと
黒板《こくばん》らしさがアップ
黒板消《こくばんけ》し+
チョーク
3月10日
黒板《こくばん》
机《つくえ》+いす
パレットに
カラフルな絵《え》の具《ぐ》を
広《ひろ》げて
上《うわ》ばき
ランドセル
絵《え》の具《く》セット
リコーダー
鍵盤《けんばん》ハーモニカ

閉《と》じたときは直線《ちょくせん》、
開《ひら》いたときは
曲線《きょくせん》で描《か》くよ
教科書《きょうかしょ》
ノート
タブレット
ペンポーチは
好《す》きなもようで
描《か》いてね
ペンポーチ
えんぴつ
花《はな》はこまかく
描《か》かなくても
OK《オーケー》！
定規《じょうぎ》
分度器《ぶんどき》
消《け》しゴム
花《か》だん

こんなアレンジをしてもOK《オーケー》♪

あなたの学校《がっこう》には、ほかにどんなものが置《お》いてあるかな？　探《さが》してイラストに描《か》いてみよう！

習《なら》いごと

学習塾《がくしゅうじゅく》

カラフルな
色《いろ》づかいで
楽《たの》しげに☆

英語《えいご》

習字《しゅうじ》

ひし形《がた》をしっかり
描《か》くのがコツ

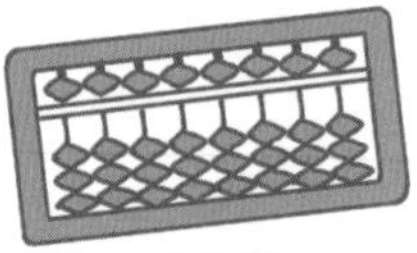

そろばん

プログラミング

ピアノ

絵画《かいが》

絵筆《えふで》に
絵《え》の具《ぐ》の色《いろ》を
つけて描《か》いて

ダンス

こんなアレンジをしてもOK《オーケー》♪

習《なら》いごとの予定《よてい》が入《はい》っている日《ひ》は、カレンダーや手帳《てちょう》にマークを描《か》いておくと忘《わす》れないよ。

体操《たいそう》
バレエ
リボンに動《うご》きをつけるとかわいい！
ブルー系《けい》の色《いろ》でまとめて描《か》いてみよう
Baseball
野球《やきゅう》
サッカー
SWIMMING
スイミング
剣道《けんどう》
武道《ぶどう》
バレーボール
VOLLEY BALL
テニスボールもそえると GOOD《グッド》！
バスケットボール
BASKETBALL
テニス

お出《で》かけ

動物園《どうぶつえん》

大《おお》きなイルカが
ポイント!

水族館《すいぞくかん》

図書館《としょかん》

博物館《はくぶつかん》

映画館《えいがかん》

うしろの建物《たてもの》は
四角《しかく》を重《かさ》ねて描《か》くよ

街《まち》

小《ちい》さな丸《まる》を線《せん》で
つなげて観覧車《かんらんしゃ》に

遊園地《ゆうえんち》

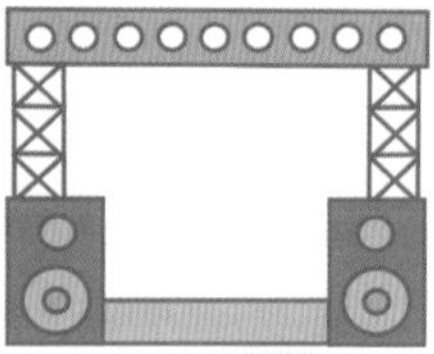

ライブ会場《かいじょう》

ショッピングモール

カラオケ

カフェ

シックな色《いろ》づかいで雰囲気《ふんいき》を出《だ》して

カラフルにぬると公園《こうえん》らしさが出《で》るよ

公園《こうえん》

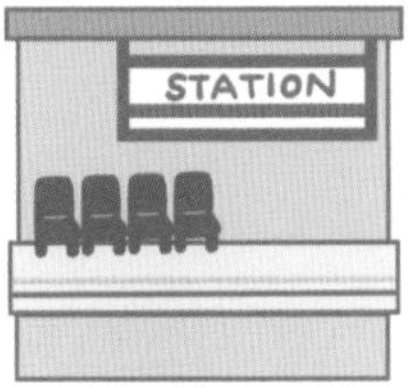

駅《えき》

自転車《じてんしゃ》

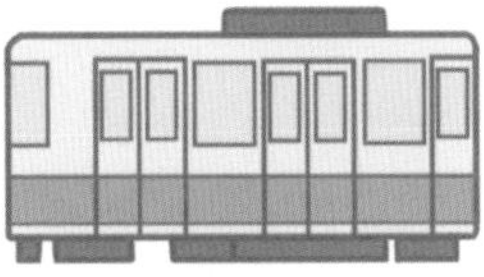

電車《でんしゃ》

車《くるま》

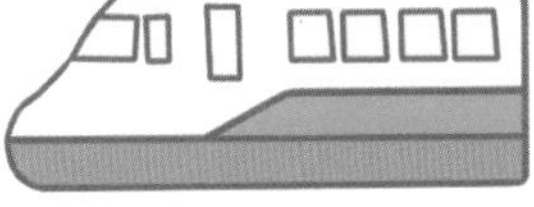

新幹線《しんかんせん》

飛行機《ひこうき》

こんなアレンジをしてもOK《オーケー》♪

お出《で》かけした場所《ばしょ》や感想《かんそう》をメモするときにイラストがあると楽《たの》しい！ 練習《れんしゅう》してみよう♪

夏休《なつやす》み

砂浜《すなはま》はところどころに
点《てん》を描《か》いて

プール

海《うみ》

うきわの
素材感《そざいかん》はツヤで
表現《ひょうげん》

ビーチサンダル

うきわ

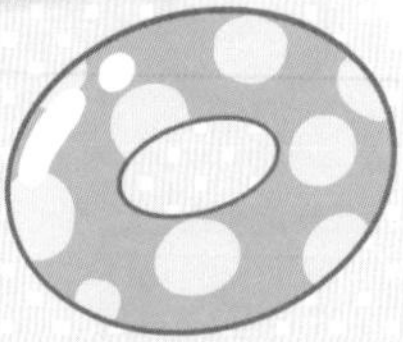

パラソル

水着《みずぎ》

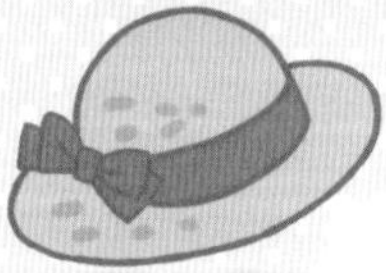

麦《むぎ》わら帽子《ぼうし》

すいか

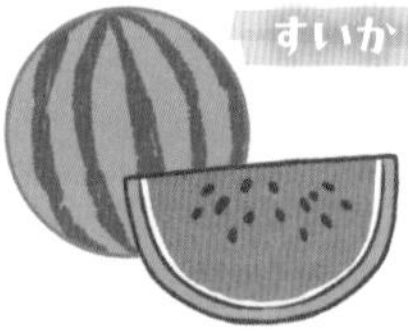

あえてざっくり色《いろ》を
ぬるのがポイント

川《かわ》

山《やま》

花火《はなび》

お祭《まつ》り

トッピングもしっかり描《か》いてみよう

たこやき

かき氷《ごおり》

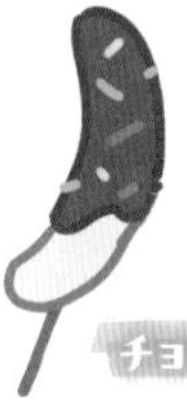

チョコバナナ

男女《だんじょ》で形《かたち》がちがうからよく見《み》てみて!

風鈴《ふうりん》

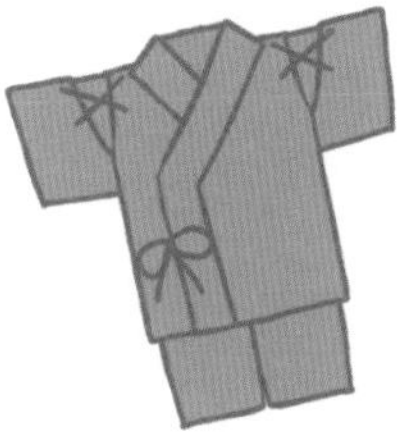

浴衣《ゆかた》

こんなアレンジをしてもOK《オーケー》♪

イラストをいくつか組《く》み合《あ》わせてみてもいいね。夏休《なつやす》みの楽《たの》しい思《おも》い出《で》を再現《さいげん》できちゃうかも♪

おしゃれセンスがグッとアップしちゃう！

めざせ！色《いろ》づかいの上級者《じょうきゅうしゃ》★

色《いろ》の組《く》み合《あ》わせによって、イラストの雰囲気《ふんいき》は大《おお》きく変《か》わるよ。描《か》きたいイラストの雰囲気《ふんいき》にあわせて色《いろ》づかいを変《か》えてみよう！

色相環《しきそうかん》をチェック！

色《いろ》の違《ちが》い、変化《へんか》をリング状《じょう》にしたものを「色相環《しきそうかん》」というよ。

色選《いろえら》びにまよったら参考《さんこう》にしよう！

色相環《しきそうかん》でとなり同士《どうし》にある色《いろ》（たとえば青《あお》と緑《みどり》、赤《あか》と紫《むらさき》など）はイメージが近《ちか》い色《いろ》だよ。同系色《どうけいしょく》でシンプルにまとめたいときは、色《しき》相環《そうかん》を見《み》ながら位置《いち》の近《ちか》い色《いろ》を組《く》み合《あ》わせるのがおすすめ！

反対側《はんたいがわ》にある色《いろ》は「補色《ほしょく》」になる！

目《め》を引《ひ》きたいときは色《いろ》の違《ちが》いを利用《りよう》してみよう。色相環《しきそうかん》の反対《はんたい》側《がわ》（向《む》かい合《あ》う位置《いち》）にある色《いろ》、「補色《ほしょく》」を組《く》み合《あ》わせてみて。

補色《ほしょく》の組《く》み合《あ》わせ例《れい》

色《いろ》があたえるイメージ

それぞれの色《いろ》が見《み》た人《ひと》にあたえるイメージをまとめたよ！

赤《あか》のイメージ

エネルギー＆《アンド》強《つよ》さ

炎《ほのお》や太陽《たいよう》などを連想《れんそう》させる赤《あか》は、エネルギーの象徴《しょうちょう》といわれるよ。強《つよ》さのアピールにも！

ピンクのイメージ

幸福感《こうふくかん》や安心感《あんしんかん》

ピンクはかわいい、やさしい雰囲気《ふんいき》を出《だ》したいときにぴったり。刺激《しげき》が少《すく》なく、甘《あま》いイメージ。

オレンジのイメージ

暖《あたた》かさ、親《した》しみ

数《かず》ある色《いろ》の中《なか》でも、いちばん暖《あたた》かさを感《かん》じられるのがオレンジ色《いろ》。親《した》しみやすい雰囲気《ふんいき》もあるよ。

黄色《きいろ》のイメージ

明《あか》るさ、希望《きぼう》

黄色《きいろ》は明《あか》るさ、希望《きぼう》、よろこびなどポジティブな印象《いんしょう》だけでなく、注意《ちゅうい》を引《ひ》く警《けい》かい色《いろ》としても使《つか》われるよ。

青色《あおいろ》のイメージ

神秘的《しんぴてき》

空《そら》や水《みず》などを連想《れんそう》させる青《あお》は、神秘的《しんぴてき》なイメージをもつ色《いろ》。知的《ちてき》で誠実《せいじつ》な印象《いんしょう》をあたえるこうかもあるよ！

緑色《みどりいろ》のイメージ

安《やす》らぎやいやし

緑《みどり》は葉《は》や木《き》などの自然《しぜん》を連想《れんそう》させる色《いろ》。安《やす》らぎや若《わか》さ、いやし、平和《へいわ》の雰囲気《ふんいき》をもつ色《いろ》だよ。

白色《しろいろ》のイメージ

神聖《しんせい》、清潔感《せいけつかん》

白《しろ》はけがれのない色《いろ》として神《かみ》さまの象徴《しょうちょう》としても使《つか》われる神聖《しんせい》な色《いろ》。清潔《せいけつ》、純粋《じゅんすい》、未来《みらい》などの印象《いんしょう》も。

紫色《むらさきいろ》のイメージ

高級感《こうきゅうかん》＋大人《おとな》っぽさ

昔《むかし》は紫《むらさき》の染料《せんりょう》はとても貴重《きちょう》だったとか。そのため今《いま》でも高級《こうきゅう》で高貴《こうき》な色《いろ》という印象《いんしょう》があるよ。

黒色《くろいろ》のイメージ

クール＆《アンド》シック

強《つよ》さやかっこよさ、おしゃれでクールな印象《いんしょう》をあたえたいときは黒《くろ》を使《つか》うのがおすすめ。

灰色《はいいろ》のイメージ

ひかえめ、落《お》ち着《つ》き

白《しろ》でも黒《くろ》でもない色《いろ》＝グレーは、ソフトな印象《いんしょう》をあたえる色《いろ》。ひかえめな雰囲気《ふんいき》にしたいときに使《つか》うのも。

イメージに合《あ》わせた色《いろ》のえらびかた

明《あか》るさとあざやかさをそろえると、違《ちが》う色《いろ》でも同《おな》じイメージにまとめることができるよ♪

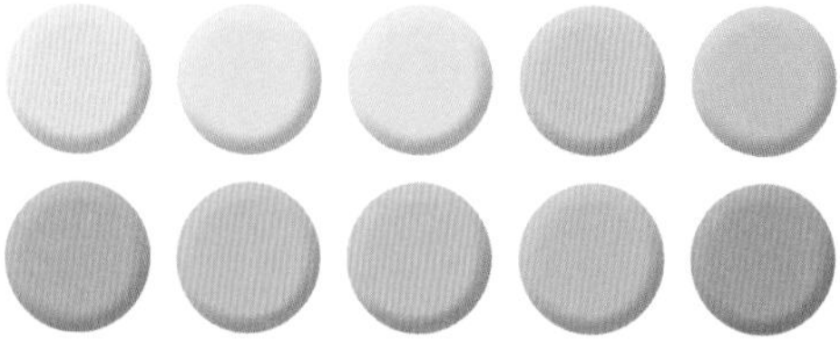

ナチュラル

落《お》ち着《つ》いた自然《しぜん》な色調《しきちょう》。シンプルさ、安《やす》らぎ、温《あたた》かさを感《かん》じることができるよ。

ドリーミー

魔法的《まほうてき》で幻想的《げんそうてき》なイメージにぴったり。見《み》た人《ひと》を夢《ゆめ》心地《ごこち》にさせてくれる色調《しきちょう》。

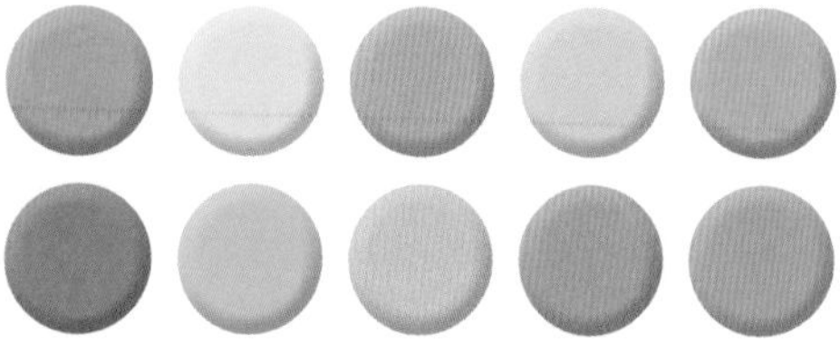

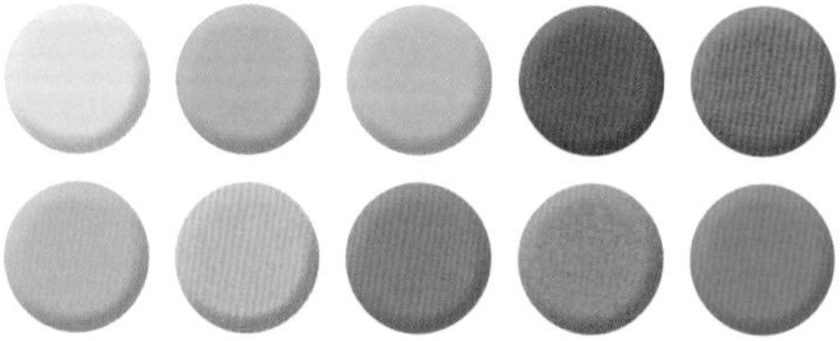

フレッシュ

春《はる》や夏《なつ》などのさわやかなイメージ。しあわせや明《あか》るさをあたえてくれるよ。

ロマンティック

大人《おとな》っぽい、エレガントなイメージになる色調《しきちょう》。色《いろ》の深《ふか》みが落《お》ち着《つ》きをあたえるよ。

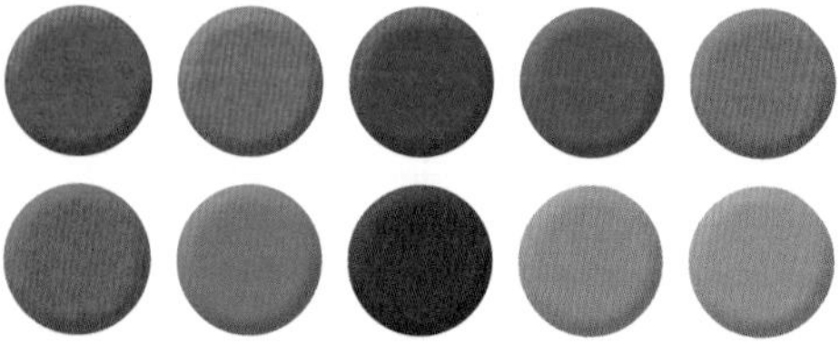

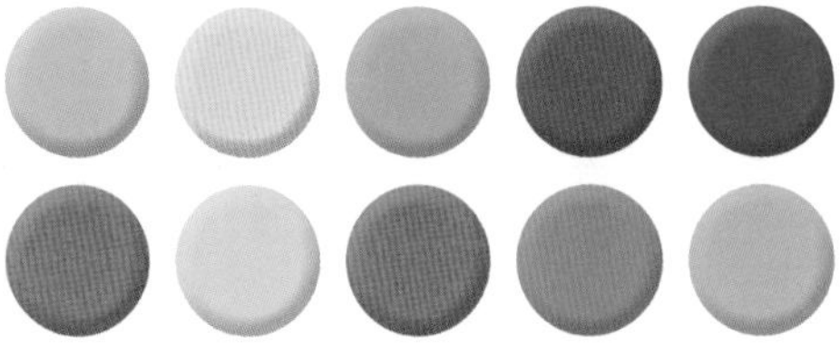

わんぱく

遊《あそ》び心《ごころ》やワクワク感《かん》をイメージさせたいときに。活《かっ》気《き》がありにぎやかな印象《いんしょう》。

ポップ

楽《たの》しい、ハッピーなイメージにしたいときにおすすめ。元気《げんき》で明《あか》るい印象《いんしょう》にも。

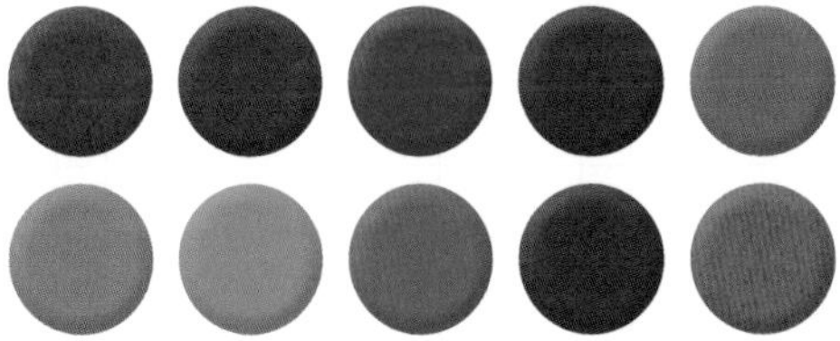

ミステリアス

秘密《ひみつ》めいた、神秘的《しんぴてき》なイメージの色調《しきちょう》。かっこいい印象《いんしょう》にしたいときにも◎。

レトロ

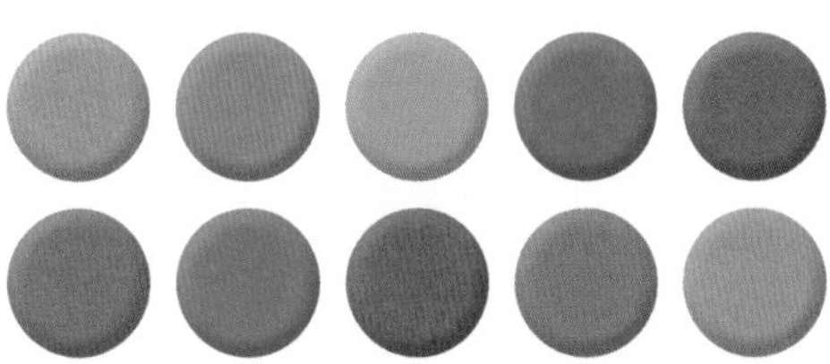

古《ふる》めかしさ、なつかしさをイメージしたいときに。あざやかさをおさえた色調《しきちょう》。

イラストは上手《うま》く描《か》けるようになったのに…
文字《もじ》もきれいに書《か》けるようになったのに…
成績《せいせき》が上《あ》がらないのはナーゼー？
ちょっとノートを見《み》せて

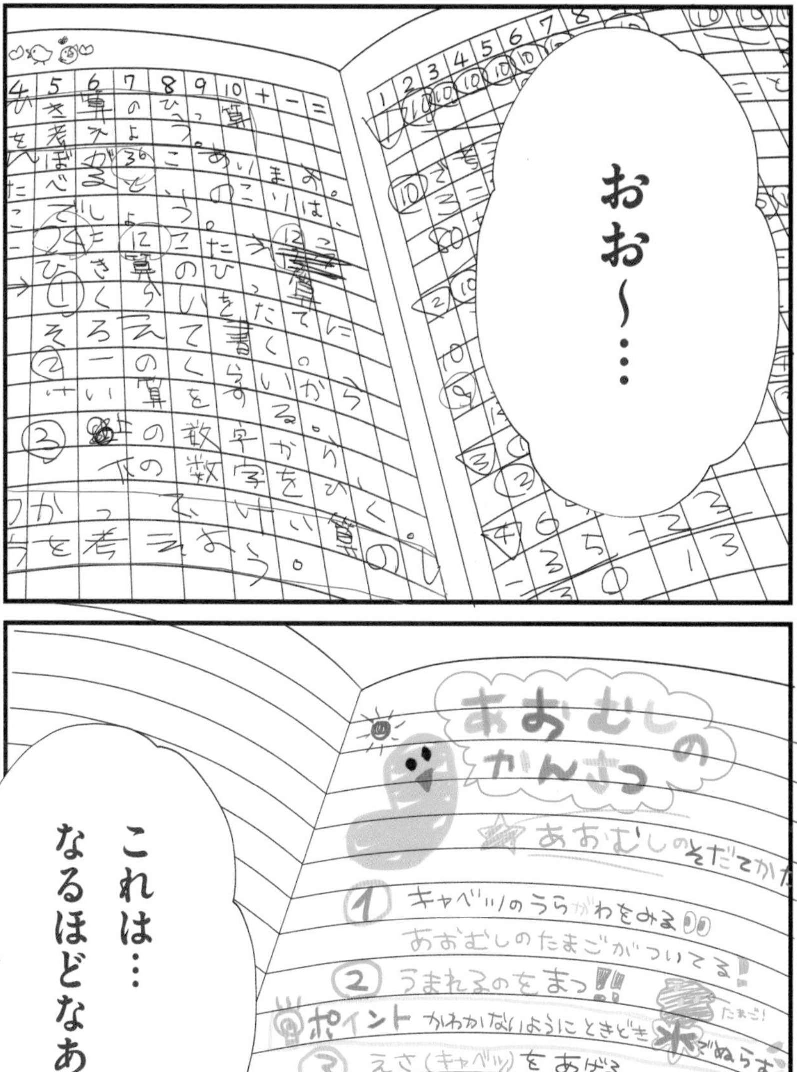
おお～…
あおむしのかんさつ
あおむしのそだてかた
1 キャベツのうらがわをみる
あおむしのたまごがついてる!
2 うまれるのをまつ!!
ポイント かわかないようにときどき水でぬらす
たまご!
3 えさ(キャベツ)をあげる
キャベツ→
おいしー
これは…なるほどなあ…

う〜ん…
これはプロに相談《そうだん》だ
…プロ？
ガラッ
みんな〜！
もう下校時間《げこうじかん》だよ！
七海先生《ななみせんせい》！
ノートの書《か》きかた
教《おし》えてください！

#わたしレベルアップ計画《けいかく》

プラン3

勉強《べんきょう》ノートの書《か》きかたを身《み》につけよう！

意外《いがい》と知《し》らない人《ひと》が多《おお》い、正《ただ》しいノートの書《か》きかた。ちょっとしたコツで、復習《ふくしゅう》がしやすいノートになるよ。みんなでかしこガールを目指《めざ》そう★

レベル 1

ノートを書《か》くことで自分《じぶん》に自信《じしん》がもてる!

「文字《もじ》をたくさん書《か》くのがたいへん…」と書《か》くことをめんどうに感《かん》じたことはある？
でも、ノートを書《か》くのが得意《とくい》になると、いいことがこんなにたくさん！

ノートを書《か》くコト＝《イコール》頭《あたま》の中《なか》を整理《せいり》するコト

たとえば算数《さんすう》では、途中《とちゅう》の式《しき》や考《かんが》えかたを書《か》くことがもとめられる問題《もんだい》もあるよね。ノートを書《か》くことは、頭《あたま》の中《なか》を整理《せいり》するのと同《おな》じこと。書《か》くことが得意《とくい》になると、考《かんが》える力《ちから》や自分《じぶん》の考《かんが》えを相手《あいて》に伝《つた》える力《ちから》が身《み》についていくよ。だから、書《か》く練習《れんしゅう》はとても大切《たいせつ》！

CHECK《チェック》 1 適当《てきとう》な紙《かみ》ではなく、ノートに書《か》こう

ただ書《か》くだけでなく、書《か》いたものを見返《みかえ》すことも大事《だいじ》だよ。「もったいないから」と適当《てきとう》な紙《かみ》を使《つか》うのはやめて、必《かなら》ずノートを使《つか》おう。

CHECK《チェック》 2 ノートの数《かず》は努力《どりょく》のあかし!

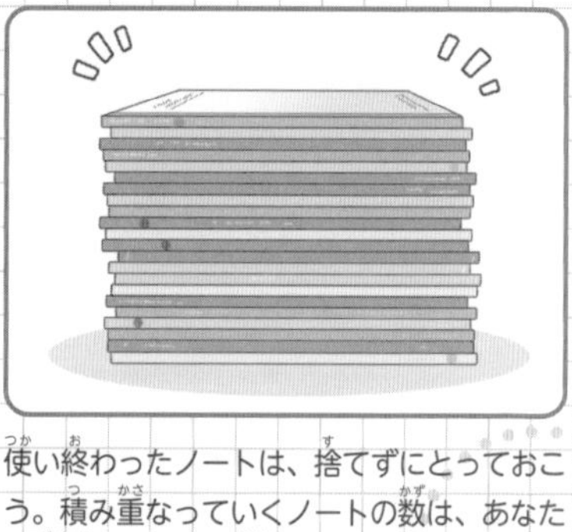

使《つか》い終《お》わったノートは、捨《す》てずにとっておこう。積《つ》み重《かさ》なっていくノートの数《かず》は、あなたの努力《どりょく》のあかし。自信《じしん》にもつながるはず！

NG例《エヌジーれい》 こんなノートの書《か》きかたをしていたら要注意《ようちゅうい》!?

あなたはこんな書《か》きかたをしていない? 下《した》にある書《か》きかたNG例《エヌジーれい》をチェックしてみよう。当《あ》てはまるものがあっても、今《いま》から変《か》えていければ大丈夫《だいじょうぶ》!

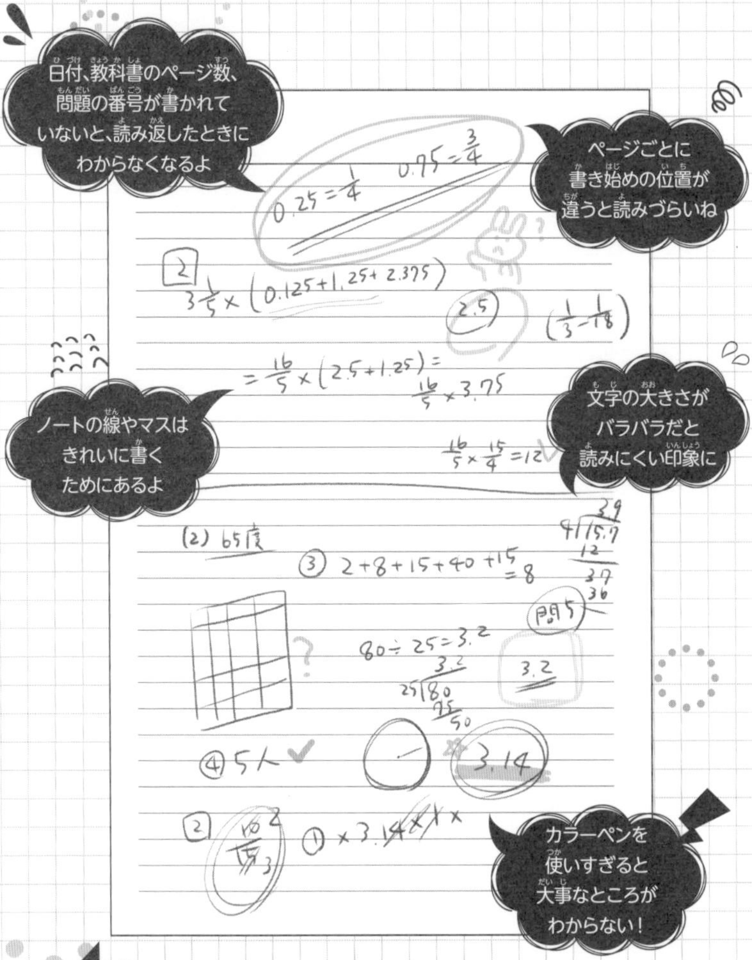
日付《ひづけ》、教科書《きょうかしょ》のページ数《すう》、問題《もんだい》の番号《ばんごう》が書《か》かれていないと、読《よ》み返《かえ》したときにわからなくなるよ
ページごとに書《か》き始《はじ》めの位置《いち》が違《ちが》うと読《よ》みづらいね
ノートの線《せん》やマスはきれいに書《か》くためにあるよ
文字《もじ》の大《おお》きさがバラバラだと読《よ》みにくい印象《いんしょう》に
カラーペンを使《つか》いすぎると大事《だいじ》なところがわからない!

← ノートの書《か》きかたの基本《きほん》を見《み》てみよう♪

レベル2

勉強《べんきょう》が楽《たの》しくなる書《か》きかたを知《し》ろう！

勉強用《べんきょうよう》のノートは、書《か》きやすさや見《み》やすさなど勉強《べんきょう》がしやすいかどうかで選《えら》ぶことが大切《たいせつ》だよ。選《えら》びかたのポイントや正《ただ》しいノートの書《か》きかたをチェック！

ノートは教科《きょうか》ごとに色《いろ》を分《わ》けよう

算数《さんすう》は青《あお》、国語《こくご》は赤《あか》、理科《りか》は緑《みどり》など教科《きょうか》ごとにノートの色《いろ》を分《わ》けてみよう。パッと見《み》たときにどの教科《きょうか》のノートかがすぐにわかると、まちがえて別《べつ》の教科《きょうか》のノートを持《も》って行《い》ったり、忘《わす》れものをしたりするうっかりミスも減《へ》らせるかも!?　好《す》きな色《いろ》で分《わ》けてみてね。

CHECK《チェック》1　シールやペンで色《いろ》を分《わ》けてもOK《オーケー》

ノート自体《じたい》の色《いろ》を分《わ》けるのがむずかしい、今《いま》使《つか》っているノートを色分《いろわ》けしたいときはシールやペンで色分《いろわ》けしてみてね。

CHECK《チェック》2　使《つか》い始《はじ》めた日《ひ》を書《か》いておこう

使《つか》い終《お》わったノートと区別《くべつ》するために、表紙《ひょうし》には「そのノートを使《つか》い始《はじ》めた日《ひ》」を油性《ゆせい》ペンで目立《めだ》つ位置《いち》に書《か》いておこう。

勉強《べんきょう》がしやすいかどうか イメージしてから選《えら》ぼう

ノートの大《おお》きさ、マス目《め》のサイズ、線《せん》の太《ふと》さやデザインなど自分《じぶん》がいちばん書《か》きやすい、見《み》やすいと思《おも》えるものを選《えら》ぼう。いろいろためして、自分《じぶん》に合《あ》ったノートを見《み》つけてね。定番《ていばん》はB《ビー》5サイズだけど、プリントが貼《は》りやすいB《ビー》5ノビというサイズもあるよ。

おすすめの勉強《べんきょう》ノート

方眼《ほうがん》ノート

方眼《ほうがん》ノートは国語《こくご》、算数《さんすう》、理科《りか》、社会《しゃかい》などほとんどの教科《きょうか》で使《つか》いやすい万能《ばんのう》なノート。おすすめは10mm《ミリメートル》や8mm方眼罫《ミリメートルほうがんけい》のもの。漢字《かんじ》練習《れんしゅう》にはリーダー罫《けい》（点線《てんせん》）がある5mm方眼罫《ミリメートルほうがんけい》が便利《べんり》。

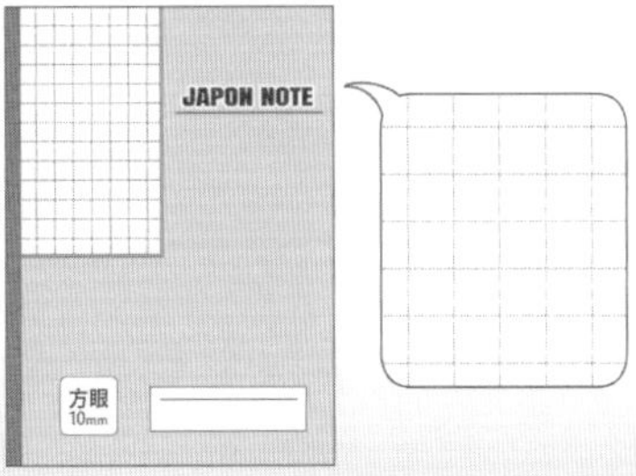

大学《だいがく》ノート

さまざまな種類《しゅるい》があるなかで、小学生《しょうがくせい》におすすめなのはA罫《エーけい》またはB罫《ビーけい》のもの。大学《だいがく》ノートには、ドット入《い》りとドットなしのタイプがあるよ。使《つか》いやすいと思《おも》うほうを選《えら》んでね。

気分《きぶん》が上《あ》がる 文房具《ぶんぼうぐ》をチョイス!

文房具《ぶんぼうぐ》を選《えら》ぶときは、使《つか》いやすさはもちろん、好《す》きなデザインかどうかも大切《たいせつ》なポイント。お気《き》に入《い》りの文房具《ぶんぼうぐ》が目《め》に入《はい》るたびに気分《きぶん》も上《あ》がって、ノートを書《か》くことや勉強《べんきょう》自体《じたい》が楽《たの》しいと思《おも》えるようになるよ♪　あなたのお気《き》に入《い》りを見《み》つけてね。

CHECK《チェック》 1 鉛筆《えんぴつ》の濃《こ》さは筆圧《ひつあつ》で選《えら》ぶと◎

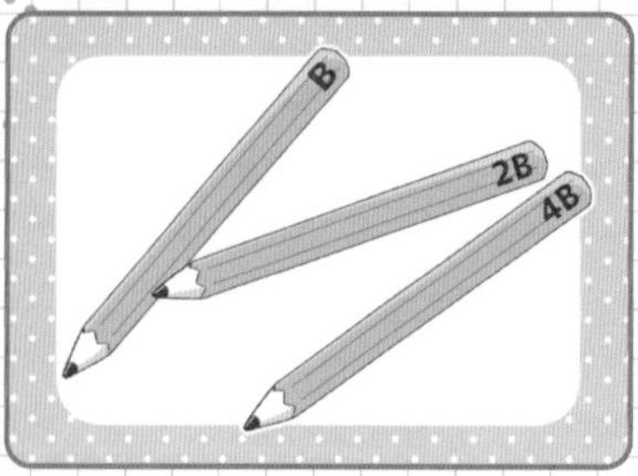

鉛筆《えんぴつ》やシャープペンの芯《しん》の濃《こ》さは、自分《じぶん》の筆圧《ひつあつ》に合《あ》わせて選《えら》んでみよう。定番《ていばん》はB《ビー》だけど、字《じ》が薄《うす》い人《ひと》は2B《ビー》や4B《ビー》をためしてみて。

CHECK《チェック》 2 カラーペンは3色《しょく》あれば十分《じゅうぶん》!

勉強用《べんきょうよう》のカラーペンは、3色《しょく》あればOK《オーケー》。赤《あか》ペン、青《あお》ペン、蛍光《けいこう》ペン（黄色《きいろ》など赤《あか》や青系《あおけい》以外《いがい》）の3本《ぼん》をいつも用意《ようい》しておこう！

レベルUP《アップ》のコツ

ペンポーチが汚《きたな》いと成績《せいせき》ダウン！？

インク切《ぎ》れのペンや同《おな》じ色《いろ》のペンが何本《なんぼん》も入《はい》っていると、いざ使《つか》いたいときにこまってしまうよ。不要《ふよう》なものはすぐに取《と》り出《だ》そう！

字《じ》の大《おお》きさをそろえれば読《よ》みやすさUP《アップ》★

わかりやすいノートをつくるときに大切《たいせつ》なのは、文字《もじ》の大《おお》きさをそろえること。タイトルや大切《たいせつ》なことは大《おお》きく書《か》いて目立《めだ》たせるけど、ほかのところはそろえて書《か》くと、内容《ないよう》をつかみやすいよ。普段《ふだん》から字《じ》の大《おお》きさをそろえて書《か》くようにしよう！

CHECK《チェック》 1　読《よ》めない字《じ》は誤解《ごかい》される!?

見返《みかえ》したときに何《なに》が書《か》いてあるかわからない…という字《じ》だと、友《とも》だちや先生《せんせい》にノートを見《み》せたときに誤解《ごかい》やミスを生《う》んでしまうかも！

CHECK《チェック》 2　字《じ》がへたでもOK《オーケー》！ていねいに書《か》こう

お手本《てほん》のような字《じ》を書《か》く必要《ひつよう》はないけれど、「ほかの人《ひと》が見《み》ても読《よ》みやすいか」を意識《いしき》して、ていねいな字《じ》を書《か》く習慣《しゅうかん》をつけよう。

みんなの声《こえ》

大好《だいす》きなキャラクターといつもいっしょ!!

スプラトゥーン柄《がら》のペンポーチが大《だい》のお気《き》に入《い》り♡　友《とも》だちが誕生日《たんじょうび》にプレゼントしてくれたものなんだ！

（神奈川県《かながわけん》・R《アール》ちゃん）

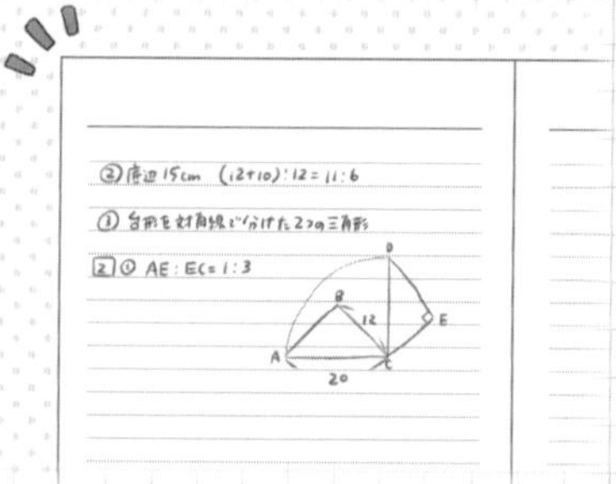

書《か》き始《はじ》めの位置《いち》をそろえてシンプルに

ルールを決《き》めずにノートのあちこちから自由《じゆう》に書《か》き始《はじ》めると、あとからノートを見返《みかえ》したときに順番《じゅんばん》がわからなくなってしまうよ。「書《か》き始《はじ》めは左上《ひだりうえ》から」など、自分《じぶん》の中《なか》でルールを決《き》めておこう。そうすると、「見《み》やすいノート」になるね！

CHECK《チェック》 1 ノートにはスペースを残《のこ》して

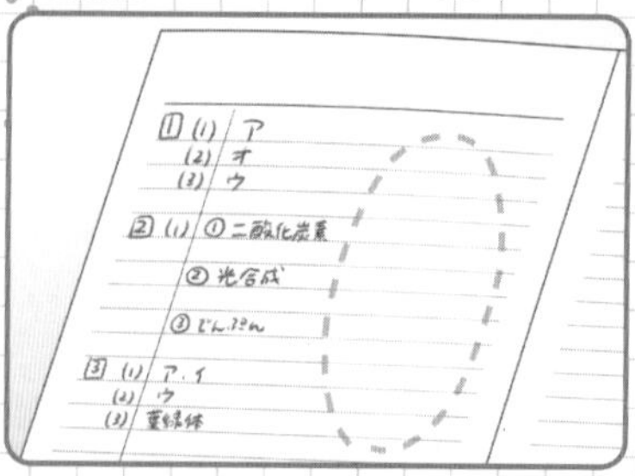

「ノートがもったいないから」と1ページに字《じ》を詰《つ》めて書《か》くことはさけて。丸《まる》つけや直《なお》しを書《か》くためのスペースをかならず残《のこ》しておこう。

CHECK《チェック》 2 間違《まちが》いは消《け》さずに「×《ばつ》」をつけよう

どんな問題《もんだい》でつまずきやすいかを知《し》るためにも、漢字《かんじ》や計算式《けいさんしき》などの間違《まちが》いは消《け》さずに「×《ばつ》」マークでしるしをつけておくとGOOD《グッド》！

レベルUP《アップ》のコツ

正《ただ》しい書《か》き順《じゅん》で図形《ずけい》を書《か》こう！

図形《ずけい》と漢字《かんじ》の書《か》き順《じゅん》は同《おな》じ。「たての線《せん》は上《うえ》から下《した》、よこの線《せん》は左《ひだり》から右《みぎ》へ書《か》く」と覚《おぼ》えてね。定規《じょうぎ》なしで書《か》く練《れん》習《しゅう》をしてみよう！

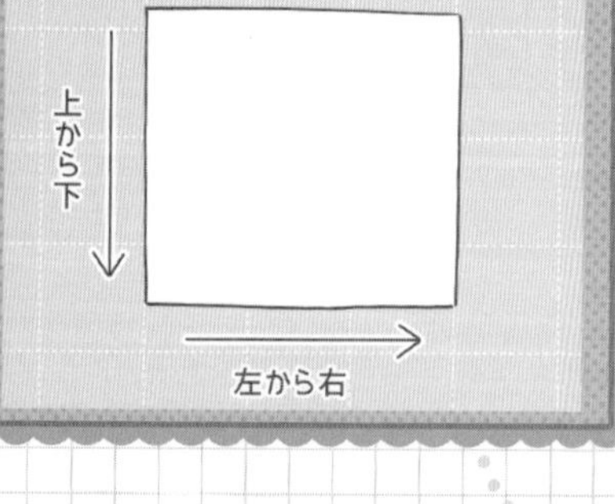

書《か》いた日《ひ》の日付《ひづけ》は忘《わす》れずにメモを

ノートを書《か》き始《はじ》めるときは、ページの左上《ひだりうえ》や右上《みぎうえ》などに日付《ひづけ》を書《か》くことを忘《わす》れないようにしよう。日付《ひづけ》を書《か》いておくことで、「この問題《もんだい》は○月《がつ》○日《にち》に解《と》いたな」と思《おも》い出《だ》しやすくなるよ。テスト前《まえ》の自主学習《じしゅがくしゅう》などふりかえりをしたいときに便利《べんり》！

CHECK《チェック》 1 教科書《きょうかしょ》のページ数《すう》を書《か》いておこう

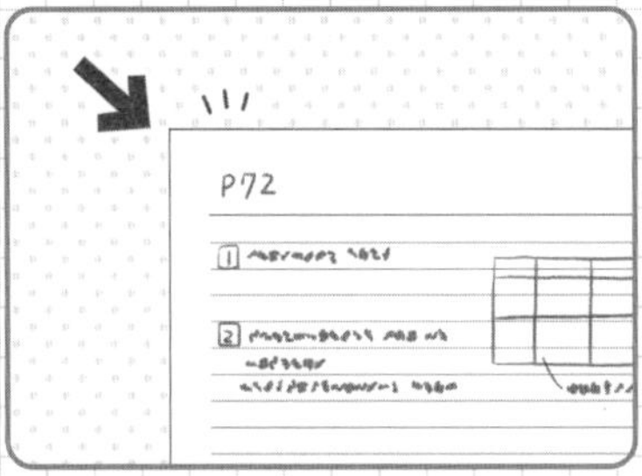

教科書《きょうかしょ》のページ数《すう》を書《か》いておくと、ノートに書《か》いた問題《もんだい》が教科書《きょうかしょ》の何《なん》ページにのっているかがすぐにわかって、復習《ふくしゅう》がしやすくなる！

CHECK《チェック》 2 答《こた》えには目印《めじるし》をつけておいて

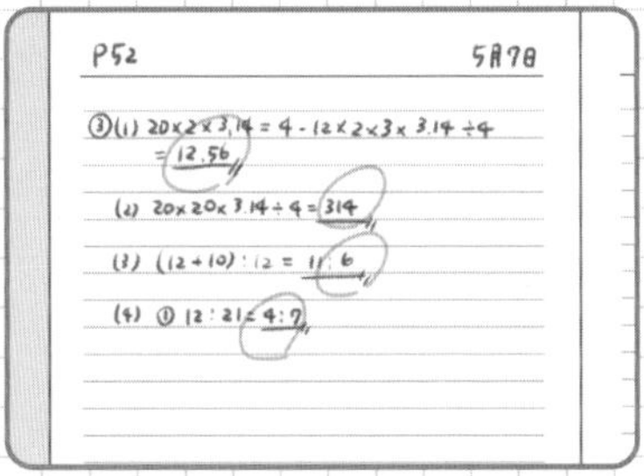

解答《かいとう》は改行《かいぎょう》したり、二重線《にじゅうせん》を引《ひ》いたりしておくとふりかえりをするときにわかりやすいよ。自分《じぶん》なりの目印《めじるし》をつけるようにしよう。

みんなの声《こえ》

書《か》き心地《ごこち》がベストなノート！

キャンパスの方眼《ほうがん》ノートは、紙《かみ》がサラサラしていて書《か》きやすいよ。消《け》しゴムもかけやすくて、おすすめ！

（東京都《とうきょうと》・M《エム》ちゃん）

「完璧《かんぺき》なノート」を目指《めざ》さない!

ノートを「きちんと書《か》く」ことと「きれいに書《か》く」ことは、同《おな》じではないよ。きれいに書《か》くことが目的《もくてき》になってしまうと、黒板《こくばん》を書《か》き写《うつ》しただけのノートになってしまうから注意《ちゅうい》しよう。 きれいに書《か》くことより、どれだけ考《かんが》えたかが大事《だいじ》だよ!

CHECK《チェック》 1 ただ書《か》き写《うつ》しているだけはNG《エヌジー》!?

先生《せんせい》が黒板《こくばん》に書《か》いたことをきれいに書《か》き写《うつ》しているだけではNG《エヌジー》。ノートには、自分《じぶん》の考《かんが》えや気《き》づいたことを書《か》けるようになろう。

CHECK《チェック》 2 図《ず》やイラストは定規《じょうぎ》なしでOK《オーケー》

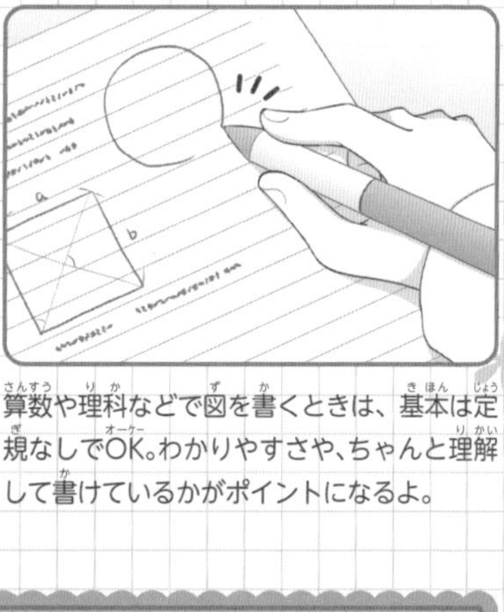

算数《さんすう》や理科《りか》などで図《ず》を書《か》くときは、基本《きほん》は定規《じょうぎ》なしでOK《オーケー》。わかりやすさや、ちゃんと理解《りかい》して書《か》けているかがポイントになるよ。

レベルUP《アップ》のコツ

見《み》やすい&《アンド》わかりやすい“マイルール”をつくる

授業《じゅぎょう》ノート以外《いがい》に、自主学習用《じしゅがくしゅうよう》のまとめノートや練習《れんしゅう》ノートを用意《ようい》してもOK《オーケー》。自分《じぶん》に合《あ》ったノートの使《つか》いかたや書《か》きかたを探《さが》してね。

みんなの声《こえ》

あなたのこだわりを教《おし》えて☆ ノートの書《か》きかた“マイルール”

東京都《とうきょうと》・M《エム》ちゃん

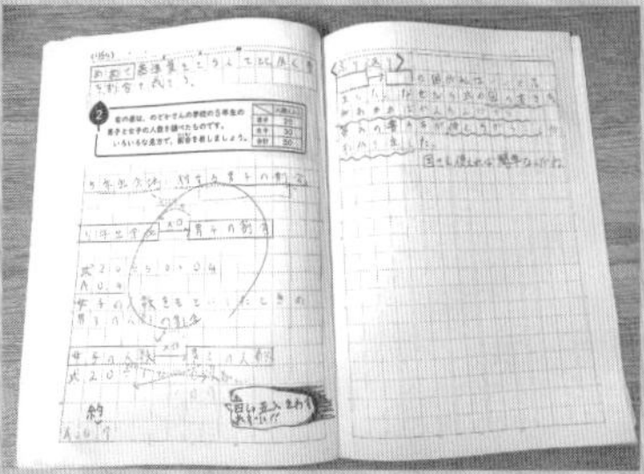

大事《だいじ》なポイントには赤色《あかいろ》や青色《あおいろ》で線《せん》を引《ひ》いたり、注意《ちゅうい》書《が》きを入《い》れたりするようにしているよ。絵《え》を描《か》くのが好《す》きだから、ときどきオリジナルキャラのイラストを描《か》くことも！

神奈川県《かながわけん》・Y《ワイ》ちゃん

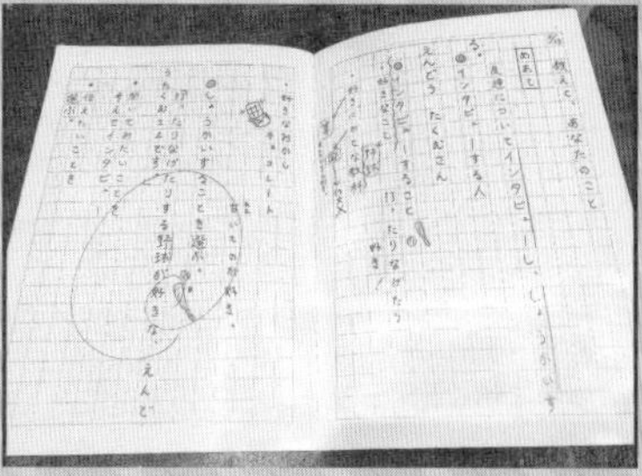

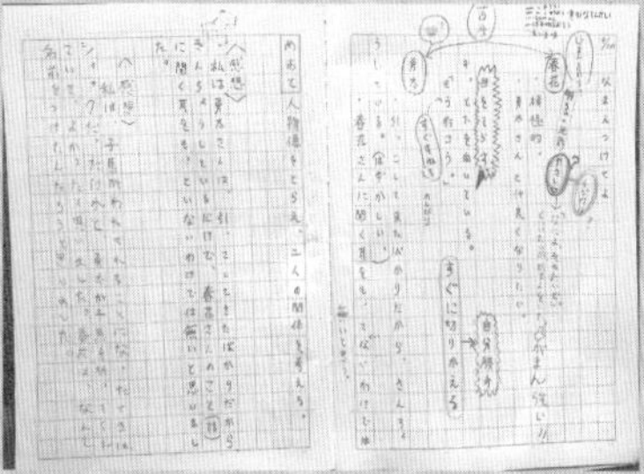

ノートを書《か》くときは文字《もじ》がぎゅうぎゅうにならないように気《き》をつけているよ。気《き》づいたことやポイントには、赤《あか》・青《あお》・緑《みどり》の色《いろ》えんぴつを使《つか》ってマークをつけるんだ！

みんなの工夫《くふう》、参考《さんこう》になるね！

レベル 3

勉強方法《べんきょうほうほう》を見直《みなお》して成績《せいせき》UP《アップ》!

あなたは勉強《べんきょう》のしかたに自信《じしん》がある？　自信《じしん》がある人《ひと》もない人《ひと》も、勉強方法《べんきょうほうほう》を見直《みなお》すことで効率《こうりつ》よく勉強《べんきょう》ができるようになっちゃうかも！　ぜひ参考《さんこう》にしてみてね。

おうちでの復習《ふくしゅう》を習慣《しゅうかん》にしよう!

「勉強《べんきょう》はテスト前《まえ》だけでOK《オーケー》」と思《おも》っていない？　でも、テスト前《まえ》にいざ授業《じゅぎょう》で習《なら》ったことを思《おも》い出《だ》そうとすると、忘《わす》れてしまっていることもあるよね。おうちでしっかり復習《ふくしゅう》することで、記憶《きおく》の定着率《ていちゃくりつ》が上《あ》がるといわれているよ！　テスト前《まえ》にあせることもなくなるね。

CHECK《チェック》 1　授業《じゅぎょう》ノートと復習《ふくしゅう》ノートは分《わ》けて

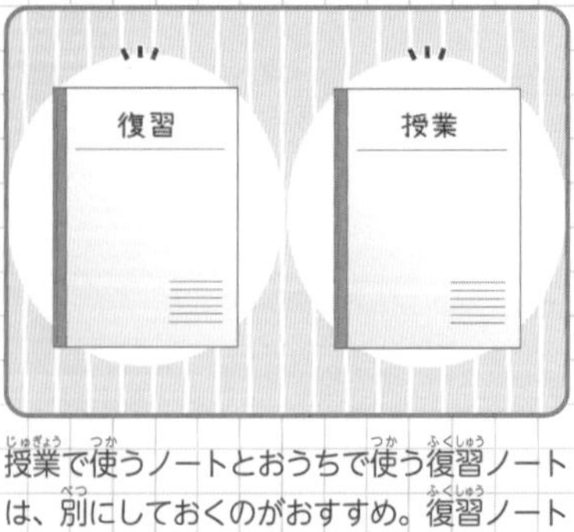

授業《じゅぎょう》で使《つか》うノートとおうちで使《つか》う復習《ふくしゅう》ノートは、別《べつ》にしておくのがおすすめ。復習《ふくしゅう》ノートには、大事《だいじ》な部分《ぶぶん》や苦手《にがて》な問題《もんだい》をまとめよう。

CHECK《チェック》 2　勉強時間《べんきょうじかん》にこだわらない!

まずは1日《にち》15〜30分《ぶん》など短時間《たんじかん》から始《はじ》めて。睡眠時間《すいみんじかん》をけずって勉強《べんきょう》をしてしまうと、ストレスや睡眠不足《すいみんぶそく》の原因《げんいん》になるから注意《ちゅうい》！

苦手《にがて》分野《ぶんや》の勉強法《べんきょうほう》は先生《せんせい》に聞《き》いてみよう

自分《じぶん》で考《かんが》えてもわからないときや苦手《にがて》な分野《ぶんや》の勉強《べんきょう》をするときは、先生《せんせい》や友《とも》だちに「ここがわからないから、教《おし》えてほしい」とお願《ねが》いしてみよう。お願《ねが》いすることは、はずかしいことじゃないよ。解決《かいけつ》できない問題《もんだい》は、どんどん人《ひと》に聞《き》いちゃおう！

CHECK《チェック》 1　得意《とくい》？苦手《にがて》？自分《じぶん》のコトを知《し》ろう

たとえば、算数《さんすう》が苦手《にがて》でも計算《けいさん》は得意《とくい》という人《ひと》もいるよね。どの分野《ぶんや》が苦手《にがて》でどの分野《ぶんや》は得意《とくい》なのか、自分自身《じぶんじしん》を深《ふか》ぼりしてみよう！

CHECK《チェック》 2　得意《とくい》な分野《ぶんや》で自信《じしん》をつけていく

得意《とくい》な分野《ぶんや》があると、自分《じぶん》に自信《じしん》がつくよね。テストのときは得意《とくい》な分野《ぶんや》から先《さき》に解《と》くと、苦手《にがて》な分野《ぶんや》にじっくり時間《じかん》をかけられるよ。

みんなの声《こえ》

ペンポーチの中《なか》からリコーダー!?

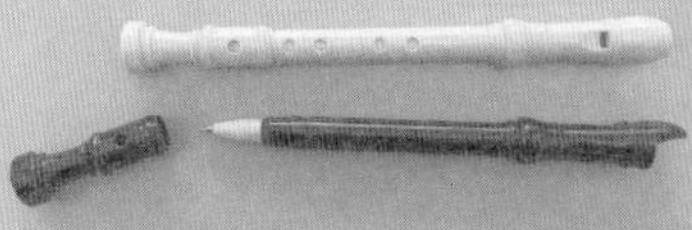

100円《えん》ショップで買《か》ったリコーダー風《ふう》のボールペン。友《とも》だちに「それなに？」ってびっくりされるよ！

（埼玉県《さいたまけん》・T《ティー》ちゃん）

自信《じしん》をつければ
緊張《きんちょう》しにくくなる!

ふだんの授業《じゅぎょう》ではまったく緊張《きんちょう》しないのに、テストのときはなぜか緊張《きんちょう》してしまう…という人《ひと》も多《おお》いよね。「いい点数《てんすう》が取《と》れなかったら…」など、自分《じぶん》に自信《じしん》がもてないのが原因《げんいん》かも。自分《じぶん》なりの緊張《きんちょう》しない方法《ほうほう》を探《さが》してみよう！

CHECK《チェック》 1 テスト前《まえ》の勉強《べんきょう》はよゆうをもって

テスト対策《たいさく》は、テストの2～3週間前《しゅうかんまえ》から始《はじ》めるのがベスト。勉強《べんきょう》スケジュールを立《た》てて、いつ始《はじ》めたらいいのかを考《かんが》えてみよう。

CHECK《チェック》 2 「ベストをつくせばOK《オーケー》」と割《わ》りきる

親《おや》や先生《せんせい》などにほめられることもうれしいけれど、いちばん大切《たいせつ》なのはあなた自身《じしん》。「自分《じぶん》のベストをつくせばOK《オーケー》」と考《かんが》えよう！

レベルUP《アップ》のコツ

緊張《きんちょう》をほぐすための おまじないをつくる

手《て》の平《ひら》に指文字《ゆびもじ》で「☆」マークを描《か》く、目《め》を閉《と》じて3回深呼吸《かいしんこきゅう》するなど、オリジナルの緊張《きんちょう》をほぐすおまじないをつくってみるのもおすすめだよ。

解答《かいとう》を見直《みなお》す 時間《じかん》を残《のこ》しておこう

緊張《きんちょう》しやすいテストのときは、いつもはしないミスをすることも。答《こた》えの書《か》き間違《まちが》い、読《よ》み間違《まちが》い、計算《けいさん》ミスがないか、読《よ》みづらい文字《もじ》はないか…など、10分間《ぷんかん》の見直《みなお》し時間《じかん》を残《のこ》しておくことが大切《たいせつ》だよ。

CHECK《チェック》 1 指《ゆび》さしチェックでミスをふせぐ！

問題文《もんだいぶん》や解答《かいとう》を、指《ゆび》さししながら見直《みなお》してみよう。ていねいにチェックすることで、うっかりミスを見《み》つけやすくなるよ。

CHECK《チェック》 2 字《じ》がくずれていたら書《か》き直《なお》して

「時間内《じかんない》に解《と》かないと！」とあせっているときは、字《じ》がくずれてしまいがち。「×《ばつ》」にならないためにも、くずれた字《じ》は書《か》き直《なお》そう。

みんなの声《こえ》

かわいいふせんでウキウキ気分《きぶん》♫

キャラメルボックス風《ふう》のふせんは、見《み》るだけでテンションが上《あ》がる！　中《なか》はシンプルで使《つか》いやすいよ。

（千葉県《ちばけん》・A《エー》ちゃん）

自分《じぶん》にベストな環境《かんきょう》を見《み》つけよう

「勉強《べんきょう》に集中《しゅうちゅう》したい」という気持《きも》ちを持《も》っているだけでもすばらしいこと。あとは、どうしたら自分《じぶん》は集中《しゅうちゅう》できるようになるかを考《かんが》えて、図書館《としょかん》へ行《い》ったり音楽《おんがく》をかけたり、いろいろためしてみよう！

CHECK《チェック》 1 誘惑《ゆうわく》アイテムを視界《しかい》に入《い》れない

自分《じぶん》の部屋《へや》で勉強《べんきょう》するときは、本《ほん》やまんが、ゲームなどの誘惑《ゆうわく》アイテムは布《ぬの》で隠《かく》す、別《べつ》の部屋《へや》に移動《いどう》させるなど視界《しかい》に入《い》れないのが◎。

CHECK《チェック》 2 リビングや自習室《じしゅうしつ》で勉強《べんきょう》する

リビングや図書館《としょかん》、塾《じゅく》の自習室《じしゅうしつ》など場所《ばしょ》を変《か》えて勉強《べんきょう》するのも効果的《こうかてき》。図書館《としょかん》を利用《りよう》するときは自習《じしゅう》がOK《オーケー》かどうかを調《しら》べておいて。

レベルUP《アップ》のコツ

自宅《じたく》から利用《りよう》できるオンライン自習室《じしゅうしつ》も

おうちにいながら自習室《じしゅうしつ》にいる気分《きぶん》になれるWeb《ウェブ》サービス「オンライン自《じ》習室《しゅうしつ》」を使《つか》う方法《ほうほう》もあるよ。ただし、利《り》用前《ようまえ》にかならず保護者《ほごしゃ》に相談《そうだん》してね！

レッスン
3

世《せ》界《かい》に1つ♥ノートやグッズを作《つく》ろう！

文字《もじ》やイラストをマスターしたら、
オリジナルのノートやグッズ作《づく》りにチャレンジ！
自分《じぶん》の中《なか》にある「好《す》き」や「かわいい」などの
ハッピーな気持《きも》ちを形《かたち》に残《のこ》してみよう♪
毎日《まいにち》をもっと楽《たの》しく過《す》ごせそうだよね。

こうかんノート
1.HARUNA
2.RUI
3.HIKARU
4.SAORI

マイドリーム★リスト
ソウタくんと両思いになれた♥
かなった日→ 5/27 memo → 男の子に勝ててうれしい
かけっこで今年も1番になる！
かなった日→ memo →
ユイちゃんと一緒にスイーツめぐりをした。
かなった日→ memo →
ヘアケアを続けたらサラサラヘアーになった
かなった日→ memo →
部屋のそうじをしたらママがほめてくれた☺
かなった日→ 5/10 memo → 毎日続けようと思う
ぜったいにかなえるぞ!!

あ、莉々《りり》ちゃん
ノート落《お》としたよ！
!!?
あ、ありがとうっ!!
如月《きさらぎ》莉々《りり》
それ
アイドルの
道端《みちばた》くん？
道端《みちばた》くん
かっこいいよね－！
ウ、うん…
三次元《さんじげん》だけどスキ
バ
バレちゃった…!!

あ、あの…！
道端《みちばた》くんを好《す》きなこと…ヒミツにして！
え、なんで!?
だって…わたしなんかがファンだなんて
はずかしいし…
……

わたし、好《す》きなものは好《す》きでいいって羽澄《はすみ》と暖《のん》に教《おそ》わったの
何《なに》もはずかしいことじゃないよ！
好《す》きなものを好《す》きって表現《ひょうげん》するのとっても楽《たの》しいよ！
楽《たの》しい…？
にこっ

見《み》て見《み》て！わたしの推《お》し活《かつ》ノート！
PLOFILE
178cm
XX？
BIRTHDAY
10月2日
わー
よかったら一緒《いっしょ》に推《お》し活《かつ》ノート作《つく》らない？
作《つく》ってみよう…かな！

書《か》いてみたくなるアイデアがいっぱい★

「好《す》き」をつめこんだノートを作《つく》ろう!

夢中《むちゅう》になっているものについて記録《きろく》したり、もっと深《ふか》ぼりしたりしてみない？
一冊《いっさつ》のノートにあなたの「好《す》き」をつめこんでみよう♪

推《お》し活《かつ》ノートってなに?

推《お》しにまつわる全《すべ》ての情報《じょうほう》をまとめたノート

推《お》しとの思《おも》い出《で》や調《しら》べたこと・発見《はっけん》したことを記録《きろく》するノートのことをいうよ。完成《かんせい》したノートを推《お》し活仲間《かつなかま》に見《み》せたり、SNS《エスエヌエス》にアップしたりしても♪　書《か》きかたのコツやかわいくデコるポイントをまねしてみてね。今《いま》まで以上《いじょう》に推《お》し活《かつ》が楽《たの》しくなっちゃうかも!

推《お》し活《かつ》ノートの場合《ばあい》

アイドル、歌手《かしゅ》、タレント、俳優《はいゆう》、アニメのキャラ、ゆるキャラ…あなたの推《お》しならなんでもOK《オーケー》!

こんなことを書《か》いてみよう!

- 好《す》きなところ
- グッズ情報《じょうほう》
- イベント情報《じょうほう》
- 活動記録《かつどうきろく》
- プロフィール
- 生年月日《せいねんがっぴ》
- 出身地《しゅっしんち》
- 身長《しんちょう》・体重《たいじゅう》
- 血液型《けつえきがた》
- 好《す》きなもの
- 苦手《にがて》なもの
- 趣味《しゅみ》・特技《とくぎ》

ポイント1

推《お》しの写真《しゃしん》を貼《は》ったり、イラストを描《か》いたりしてみよう♪

ポイント2

推《お》しのイメージカラーで統一《とういつ》すると雰囲《ふんい》気《き》アップ!

私の王子様
HARUHI
profile《プロフィール》
名前 天王寺《てんのうじ》 はるひ
生年月日 2000年 2月16日 血液型 B
身長 182cm 体重 ??
メンバーカラー 赤
推し歴 2年半
推しへの愛 120%↑↑
推しの好きな所
目の下のホクロ
ダンスがしなやか
モデルみたいな体型
ふだんはクールなのに
ぬいぐるみが好きというギャップ!!
もっとあるけど書ききれなーい
推しとの出会い
友だちのススメでデビュー曲のMV見て、ダイナミックでしなやかなダンスにくぎづけになった(//∀//)
推しソング
「ラブパワー」
「ミラクルローズ」

love
推しとの思い出
1stコンサートでファンサをもらえたこと うれしすぎて一生推す事♥ちかったよー!!
love
love
推し活予定
☑6thシングル リリース
☐Hapihapi 3月号表紙
☐写真集 3/10 発売

ポイント3

マスキングテープやシールでデコると、はなやか!

ポイント4

あとから気《き》づいたコト、発見《はっけん》したコトを書《か》き込《こ》める余白《よはく》を残《のこ》しておこう。

趣味《しゅみ》ノートの場合《ばあい》

趣味《しゅみ》ノートってなに？

好《す》きなコト、ハマッているものを記録《きろく》した一冊《いっさつ》

長年《ながねん》好《す》きなコトや、最近《さいきん》ハマッているものについて記録《きろく》したノートのこと。テーマはなんでもOK《オーケー》。ノートに書《か》いて形《かたち》に残《のこ》すことで、もっと「好《す》き」が深《ふか》まったり、日々《ひび》のくらしにワクワクが増《ふ》えるかも！　何度《なんど》も見返《みかえ》したくなる宝物《たからもの》のようなノートを作《つく》ってみよう♪

どんなテーマでもOK《オーケー》！

- 料理《りょうり》
- 食《た》べもの
- 音楽《おんがく》
- 読書《どくしょ》
- ファッション
- イベント

こんなことを書《か》いてみよう！

テーマ　お菓子作《かしづく》り

- 最近作《さいきんつく》ったお菓子《かし》
- 作《つく》りかた（レシピ）
- 作《つく》ってみた感想《かんそう》

簡単《かんたん》？／難《むずか》しい？／反省点《はんせいてん》は？
味《あじ》はどうだった？／
だれと食《た》べた？

- 工夫《くふう》したポイント

テーマ　読書《どくしょ》

- 最近読《さいきんよ》んだ作品《さくひん》
- 作品《さくひん》の感想《かんそう》

読《よ》もうと思《おも》ったきっかけ／
読《よ》み始《はじ》めた日《ひ》／好《す》きなエピソード

- 好《す》きなキャラ
- 作者《さくしゃ》について

どんな人《ひと》が書《か》いている？／
ほかにどんな作品《さくひん》がある？

ポイント1

作品名《さくひんめい》・作者名《さくしゃめい》を忘《わす》れずに記録《きろく》しよう!

テーマ 読書《どくしょ》

タイトル

双子フェアリーミミ&ココ

オススメ度 ★★★★★

・よみはじめ/10月9日
・よみおわり/10月30日

・作者/池田ハピ
・イラスト/城田 かおり

あらすじ

双子の妖精ミミとココが
愛ちゃんというご主人様を
魔法を使いながら助ける
お話☺"

たつや君と両思いになる
ように、ミミとココが
がんばるシーンは見所👀

心に残ったセリフ

「何でも魔法で助けて
いいのかな…
愛ちゃんのために
なるのかな。」

本当のやさしさについて
考えさせられるセリフだと
思ったよ。

感想

魔法でドジな失敗を
してしまうミミとココが
とってもカワイイ♡
愛ちゃんのために
いつも必死でやさしい
2人にいやされるω♡

ポイント2

作品《さくひん》に登場《とうじょう》するお気《き》に入《い》りのキャラクターを描《か》いてみよう!

ポイント3

好《す》きなシーンやセリフはメモしておいて!

テーマ　食《た》べもの

ポイント1

メニュー名《めい》のほか「どこで」「だれと」「なにを」食《た》べたのかをメモして。

うさちゃん いちごフラッペ
くまちゃん オレンジフラッペ
ずっと気になっていた
Dreamy《ドリーミー》Drink《ドリンク》に
さなちゃんと行ってきたよ!
¥780/原宿駅から5分
おいしさレポート
甘すぎず飲みやすかった〜!!
いちごの果肉がゴロゴロ
入っていて飲みごたえバツグン
クッキーもかわいくて
おいしくて最高
アイシング クッキー
チョコフレーク
お店レポート
店内がピンクで
かわいかった
さつえいスポットが
あって、SNSばえ
するお店
2023/8/24

ポイント2

食《た》べもののイラストを大《おお》きめに描《か》いてみよう。写真《しゃしん》でもOK《オーケー》!

ポイント3

味《あじ》の感想《かんそう》やお店《みせ》の雰囲気《ふんいき》なども記録《きろく》しておこう!

夏のりおちゃんと公園コーデ
りおちゃんとおそろいっぽいイヤリング♪
りおちゃんがもっているような♥イヤリング♥を買いたいな
Happy
LOVE
LOVE
スポーティーなショルダーバッグ
Tシャツは中に入れる
愛用《あいよう》のショルダーバッグ!!!! たくさん入るし、このコーデのテイストにピッタリ(^^)♥!
黒パンを忘れずに!!
\コーデポイント/
ルーズソックス＋厚底スニーカーで、足が細く・長く見えるようにするのがポイント♪♪

テーマ ファッション

ポイント1

お気《き》に入《い》りや、いつか着《き》てみたいファッションコーディネートを描《か》いてみよう☆

ポイント2

コーデのポイントや思《おも》いついたアレンジ例《れい》を書《か》いておくのもGood《グッド》！

テーマ 夢《ゆめ》

ポイント1

目標《もくひょう》や願望《がんぼう》（「こうなったらいいな」という未来《みらい》）を書《か》くよ。イラストをそえても♪

ポイント2

すでにかなったこととして過去形《かこけい》（例《れい》／楽《たの》しかった、うれしかった…など）で書《か》くと現実《げんじつ》になる確率《かくりつ》が上《あ》がるかも！？

マイドリーム★リスト
ソウタくんと両思いになれた♥
かなった日→ memo →
かけっこで今年も1番になる！
かなった日→ 5/27 memo → 男の子に勝ててうれしい
ユイちゃんと一緒にスイーツめぐりをした。
かなった日→ memo →
ヘアケアを続けたらサラサラヘアーになった
かなった日→ memo →
部屋のそうじをしたらママがほめてくれた☺
かなった日→ 5/10 memo → 毎日続けようと思う
ぜったいにかなえるぞ!!

毎日《まいにち》の生活《せいかつ》がもっと楽《たの》しくなっちゃう！

ノート・手帳《てちょう》のアレンジ＆《アンド》デコ術《じゅつ》

ノートや時間割《じかんわり》、プロフ帳《ちょう》や手帳《てちょう》などのかわいい描《か》きかたや
アレンジ術《じゅつ》を集《あつ》めたよ。イラストで毎日《まいにち》のワクワク度《ど》を上《あ》げちゃおう！

スタディノート

ポイント1

なんの教科《きょうか》かひとめでわかるよう
ていねいな字《じ》で大《おお》きめに書《か》こう！

ポイント2

国語《こくご》は赤《あか》、算数《さんすう》は
青《あお》など教科《きょうか》ごとに
カラーを統一《とういつ》すると
わかりやすいよ。

ポイント3

ノートを提出《ていしゅつ》するこ
ともあるので、自分《じぶん》
の名前《なまえ》は忘《わす》れずに
書《か》こう！

ポイント4

オリジナルのマスコットキャラを描《か》いてもいいね☆

ポイント5

勉強《べんきょう》で使《つか》うものだから、デコレーションはほどほどにしておくのがベター。

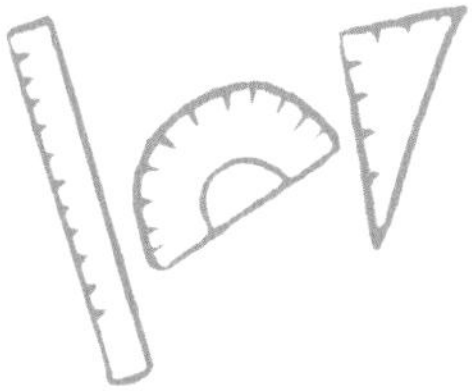

「勉強《べんきょう》ノートの書《か》きかた」は177ページをチェックしてね！

ポイント6

マスキングテープやシールをアクセントに貼《は》っても♪

時《じ》間《かん》割《わり》

ポイント1

好《す》きなキャラクターを描《か》いたり、シールをはったりしてテンションアップ！

じかんわり

	月	火	水	木	金
1	算数	算数	国語	社会	国語
2	理科	体育	算数	国語	書写
3	社会	国語	書写	算数	理科
4	体育	社会	音楽	道徳	算数
5	国語	図工	総合	理科	体育
6		図工		総合	音楽

ポイント3

曜日《ようび》はいちばん上《うえ》に書《か》くとわかりやすいよ！

ポイント2

見間違《みまちが》えないように文字《もじ》は大《おお》きめに書《か》いてね。

ポイント4

カラフルに文字《もじ》をデコるのもおすすめ!

time table

suwa elementary school 3-1

	月	火	水	木	金
1	国語	社会	国語	国語	算数
2	音楽	国語	算数	体育	国語
3	書写	算数	理科	社会	音楽
4	算数	図工	体育	理科	総合
5	体育	図工	道徳	算数	理科
6		学活	総合		

Mio Tanaka

ポイント6

曜日《ようび》や数字《すうじ》の色《いろ》やもようをそろえて統一《とういつ》してもGood《グッド》!

ポイント5

空《あ》いているコマには、イラストを入《い》れてもかわいいね!

学校行事《がっこうぎょうじ》ポスター

ポイント1

行事名《ぎょうじめい》は目立《めだ》つように濃《こ》い色《いろ》で描《か》いたり、文字《もじ》をふち取《ど》りしたりしてみよう！

ポイント2

かいさい日時《にちじ》と場所《ばしょ》も忘《わす》れずに書《か》いてね。わくなどで囲《かこ》んでもGood《グッド》！

ポイント3

行事《ぎょうじ》のイメージや雰囲気《ふんいき》に合《あ》ったイラストを描《か》こう！

ポイント5

あまりカラフルにしすぎると逆《ぎゃく》に目立《めだ》ちにくいことも。似《に》た色《いろ》でまとめるのもおすすめ。

ポイント4

伝《つた》えたいことが一番最初《いちばんさいしょ》に目《め》に入《はい》るようにしよう。

3R
できることからはじめよう
Reuse リユース
くりかえし使おう
Reduce リデュース
ゴミを減らそう
Recycle リサイクル
資源を再利用しよう

ポイント6

画面《がめん》いっぱいに大《おお》きく描《か》かれていると目《め》を引《ひ》きやすいね！

プロフ帳《ちょう》

ポイント1

友《とも》だちが読《よ》みやすいように
ていねいな字《じ》で書《か》こう!

ポイント2

えんぴつではなく、カラーペンで
書《か》くと明《あか》るい印象《いんしょう》になるよ☆

ポイント4

ところどころにイラストを入《い》れると注目度《ちゅうもくど》アップ!

ポイント3

プリクラを貼《は》ってもいいけれど、イラストだと個性《こせい》がでるね♪

プロフィール
書いた日 20××年 4月 27日
書き終わったら Ayane まで!
名前は 藤川千晴 。20××年 6月 5日
生まれで 10 才だよ!血液型は A 型で
みんなから ちーちゃん/ちはるん って呼ばれてるよ。
性格は 元気で人なつっこい☆ で
チャームポイントは ネコみたいな目 !
特技は バスケットボール で、
休日は お姉ちゃんと一輪車 してすごすよ。
にがおえ
ちはる
BEST3
テーマ すきなたべもの
1 いちごグミ
2 ハヤシライス
3 サーモンのおすし
しつもんコーナー
好きな人は?
ひ・み・つ♥
将来の夢は?
バスケの選手
やってみたいこと
かんこくに行ってみたい
あなたはどっち?
☆朝ごはんは? (ごはん / パン)
☆いぬ派?ねこ派?(いぬ / ねこ)
☆得意な教科は? (国語 / 算数)
体育派!!
もしも……
もしも願い事が1つかなうなら
お城にすみたい!

ポイント6

書《か》き間違《まちが》えたところは修正《しゅうせい》テープなどを使《つか》うと親切《しんせつ》だよ。

ポイント5

答《こた》えにくいところは「ひみつ」でもOK《オーケー》。うそは書《か》かないようにしよう!

手《て》帳《ちょう》

ポイント1

アイコンやイラストを描《か》くと
予定《よてい》がひとめでわかるよ！

ポイント3

月《つき》ごとの目標《もくひょう》やTO《トゥー》 DO《ドゥー》(やること)
を書《か》いておくとヤル気《き》アップ！

ポイント2

とっておきの予定《よてい》がある日《ひ》にはシール
を貼《は》って強調《きょうちょう》してもいいかも☆

日記帳《にっきちょう》

ポイント1

どんな1日《にち》だったかな？　その日《ひ》に感《かん》じたことや気持《きも》ちを書《か》き残《のこ》しておこう。

12月25日
Merry Christmas
朝おきたらクリスマスツリー
の下にクリスマスプレゼント
ず〜〜〜っとほしかった
ふわふわうさちゃんの
ぬいぐるみをもらったよ♪
Happy
サンタさん!!
ありがとう
ふわふわうさちゃん

ポイント3

マーカーなどでふち取《ど》りするとはなやかになるよ！

ポイント2

かわいいイラストがあると、あとから見返《みかえ》すのが楽《たの》しくなるね♪

持《も》っているだけでウキウキハッピー気分《きぶん》☆

かわいすぎる♥ノートがほし～い！

推《お》し活《かつ》ノートや趣味《しゅみ》ノートを作《つく》るなら、
こんなかわいいノートはどう？
ウキウキするノートを探《さが》してみよう！

ロルバーン ポケットつきメモ

スイーツ柄《がら》にトキメキ♡
厚《あつ》めの上質紙《じょうしつし》で、裏《うら》うつりがしにくいよ。

サンドイッチノート

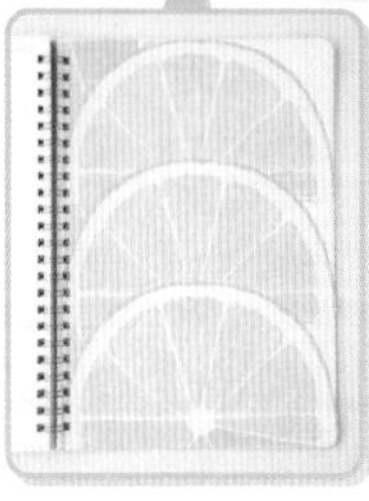

ページの間《あいだ》にサンドイッチの具材《ぐざい》が！　開《ひら》くだけでも楽《たの》しくなるね。

ソフトリング

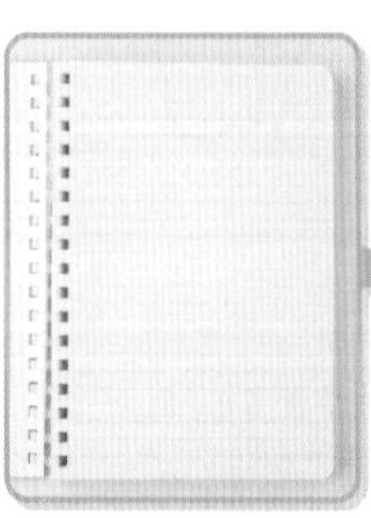

新感覚《しんかんかく》のやわらかリング。書《か》くときに手《て》があたっても気《き》になりにくい。

カギをかけられるノート
ならヒミツのできごとも
書《か》けちゃうかも？

カギつきノート

デザインノート

キラッと光《ひか》る流《なが》れ星《ぼし》が
神秘的《しんぴてき》。見開《みひら》きで絵《え》や
文字《もじ》を書《か》きやすい！

ライフ ノーブルノート

大人《おとな》っぽい雰囲《ふんい》
気《き》が好《す》きなら、シッ
クなデザインのノー
トをどうぞ★

ノートスリム

持《も》ち歩《ある》きしやすいスリム
型《がた》なら、いつでもどこで
もメモできちゃう♪

この1年《ねん》間《かん》で
みんなそれぞれたくさん
ノート描《か》いてきたね！
my favorite
読書ノート
莉《り》々《り》のおかげで
初《はじ》めて推《お》しができたよ！
え!? だれ!?
わたしは三《さん》次《じ》元《げん》で
最《さい》近《きん》好《す》きな人《ひと》が…
爽《さや》日《か》まで!? だれ!?

こんなに一緒《いっしょ》にいるのに
まだまだ知《し》らないこと
だらけだね
うん うん
あっ
じゃあ…
こうかんノートやらない？
文字《もじ》やイラストで
おしゃべりできるね！
いいじゃん！ 賛成《さんせい》！

そうと決《き》まったら4人《にん》で文房具屋《ぶんぼうぐや》さんへ行《い》くぞー！
お〜!!

キズナがもっと深《ふか》まる!

こうかんノートを作《つく》ってみよう!

こうかんノートは、仲《なか》よしの友《とも》だちや家《か》族《ぞく》ともっとキズナを深《ふか》めるチャンス！
こうかんノートの作《つく》りかたや書《か》きかたを紹《しょう》介《かい》するよ。

こうかんノートってなに?

**1冊《さつ》のノートに
1日《にち》のできごとなどを書《か》いて
友《とも》だちや家《か》族《ぞく》と共《きょう》有《ゆう》!**

こうかんノートは、その日《ひ》のできごとやおたがいの情《じょう》報《ほう》をノートに書《か》いたものだよ。言《こと》葉《ば》にするのはちょっぴり照《て》れくさいことも、文《も》字《じ》にすると伝《つた》えやすいことってあるよね。ノートには、読《よ》んだ人《ひと》がハッピーな気《き》持《も》ちになるようないいことを書《か》くようにしよう!

「こうかん日《にっ》記《き》」とも呼《よ》ばれるよ。ノートはどんなものでもOK《オーケー》。みんなが書《か》きやすいものを選《えら》んで!

こんなことを書《か》いてみよう!

- 今日《きょう》のできごと
- 楽《たの》しかったこと
- うれしかったこと
- おすすめ情《じょう》報《ほう》
(食《た》べもの、本《ほん》、音《おん》楽《がく》など)

書《か》いてはダメなことはある?

- だれかの悪《わる》口《ぐち》
- きたない言《こと》葉《ば》
- きずつく言《こと》葉《ば》

ポイント1

表紙《ひょうし》には参加者《さんかしゃ》の名前《なまえ》や似顔絵《にがおえ》を描《か》いてもいいね！

ポイント3

小《ちい》さすぎるノートだと絵《え》や文字《もじ》が書《か》きづらいよ。A《エー》5やA《エー》3サイズだと安心《あんしん》！

ポイント2

ノートをまわす順番《じゅんばん》を描《か》いておくとまよわない！

ポイント4

書《か》いた人《ひと》の名前《なまえ》は忘《わす》れずに記入《きにゅう》してね!

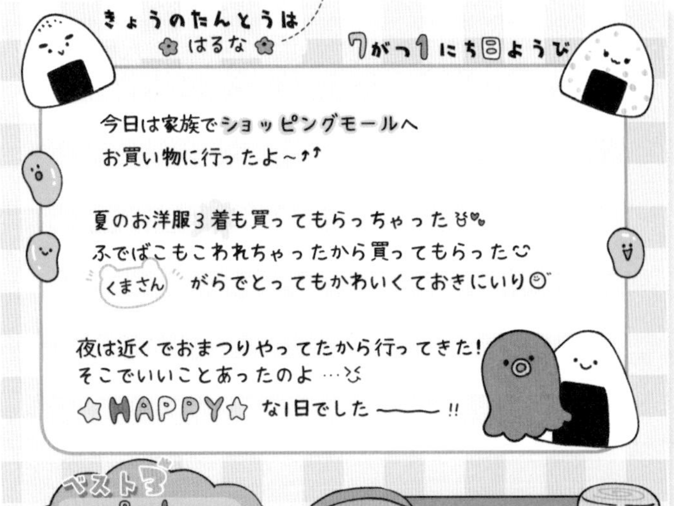
きょうのたんとうは
はるな
7がつ1にち日ようび
今日は家族でショッピングモールへ
お買い物に行ったよ～↑↑
夏のお洋服3着も買ってもらっちゃった
ふでばこもこわれちゃったから買ってもらった
くまさん がらでとってもかわいくておきにいり
夜は近くでおまつりやってたから行ってきた!
そこでいいことあったのよ…
HAPPY な1日でした――!!
ベスト3
Book
1 こころのルール
2 双子フェアリーミミ&ココ
3 花咲村の幽霊屋敷
みんなにしつもん
お金持ちになったら?
ネコ かいたい
るい
ちょきん
お金はだいじっ!!
ひかる
テーマパーク
かしきり
さおり
ビッグニュース
おまつりのくじ引きで
2等 当たったー!!
うれしい!
つぎのたんとうは るい

ポイント6

話題《わだい》ごとにふきだしやわくなどでかこんで。

ポイント5

しつもんコーナーは相手《あいて》のことをもっと知《し》れるチャンス♪

ちょっとしたメッセージのやりとりにぴったり！

ミニレター&《アンド》カードの描《か》きかた

ミニレターやメッセージカードのかわいいデコアレンジを大紹介《だいしょうかい》。
わたす相手《あいて》やシーンに合《あ》わせてイラストを描《か》いてみよう！

消《け》しゴムのイラストを描《か》いてわかりやすく！

感謝《かんしゃ》の気持《きも》ちがよりつたわるように「ありがとう」は赤《あか》のカラーペンで強調《きょうちょう》してみたよ。

ななへ
消しゴム かしてくれて
ありがとう
助かりました
ももより

ママへ
ゆめのちゃんの に
行ってきま〜すっ
ちゃんと5時には
帰ります!!!!
りのより

テーブルの上《うえ》など目《め》につくところにはってね

行《い》き先《さき》と帰《かえ》ってくる時間《じかん》は、パッと見《み》てわかりやすいように目立《めだ》たせるとグッド♪

あたる
ちゃん
みくより

マスキングテープ
でかんたんに
アレンジ♪

メッセージをかくしたいときは、二《ふた》つ折《お》りにしておこう。表《おもて》はハデにデコっても☆

遊《あそ》びのおさそいを
するときに
まねしてみて

とくに大事《だいじ》なところにはカラーペンを使《つか》うとわかりやすい! 名前《なまえ》をハートや星《ほし》で囲《かこ》むのもおすすめ。

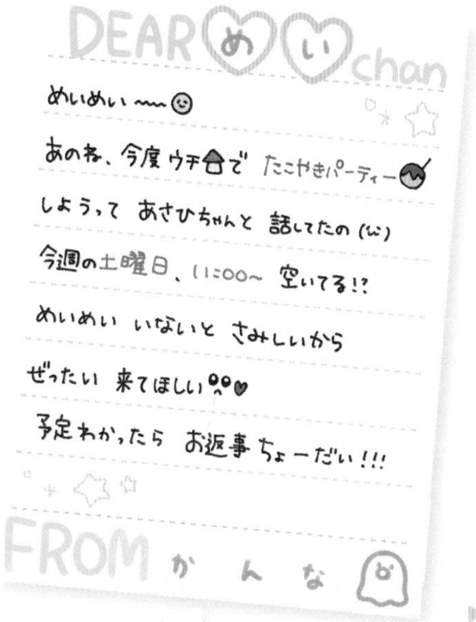
DEAR めい chan
めいめい〜〜
あのね、今度ウチでたこやきパーティー
しようってあさひちゃんと話してたの(ω)
今週の土曜日、11:00〜 空いてる!?
めいめい いないと さみしいから
ぜったい 来てほしい
予定わかったら お返事ちょーだい!!!
FROM かんな

丸《まる》シールを使《つか》った
デコアイデア!

かけっこ1位
おめでとう
ひまりちゃん
かっこよかったよ

丸《まる》シールの上《うえ》に「おめでとう」の5文字《もじ》を書《か》いたよ。動物《どうぶつ》たちのイラストでにぎやかに♪

お母さん
大好き
HappyBirthday
40さい

誕生日《たんじょうび》のお祝《いわ》いに
描《か》いてみよう♪

誕生日《たんじょうび》にはケーキのイラストがぴったり。「Happy Birthday《ハッピー バースデー》」は太字《ふとじ》で書《か》くと読《よ》みやすいよ。

Miho
昨日は先に帰っちゃってゴメンね。
今日は用事ないからいっしょに
かえろうね
P.S. 5時間目の
マラソンがんばろっ!
Hutaba

パステルカラーで
やさしい雰囲気《ふんいき》に

文字《もじ》と文字《もじ》の間《あいだ》に、お星《ほし》さまのラインを入《い》れてにぎやかに♪　全体《ぜんたい》の色合《いろあ》いをそろえるとまとまりが出《で》るね。

HAPPY
HALLOWEEN
冷ぞう庫に　ハロウィンのおかし
あるから食べてね!
お姉ちゃんより

シールをはって
ウキウキ気分《きぶん》♪

オレンジと黒《くろ》でハロウィーンの雰囲気《ふんいき》アップ☆「Happy HALLOWEEN《ハッピー ハロウィーン》」はふくろ文字《もじ》で強調《きょうちょう》させたよ。

ギザギザはさみで切《き》るとおしゃれ☆

れい へ
明日の遠足楽しみだね♪↑
れいと同じグループになれて
すご〜〜くワクワク♪
アルパカ ぜったい見ようね◎◎!!
ことみ

カードのまわりをギザギザはさみで切《き》ったよ。友《とも》だちの名前《なまえ》はフラッグの中《なか》に書《か》いて目立《めだ》つように！

Thank you
Dear → Sumire
From → Chiharu

プレゼントにつけるタグはシンプルに！

色数《いろかず》を少《すく》なめにしてシンプルにまとめると、ひかえめで大人《おとな》かわいい雰囲《ふんい》気《き》のカードになるよ♪

ピアノのイラストでわかりやすく♪

発表会《はっぴょうかい》のおさそいは、ピアノのイラストでわかりやすさを重視《じゅうし》。音符《おんぷ》マークは穴《あな》あけパンチであけたよ。白《しろ》のカラーペンで描《か》いてもOK《オーケー》！

9月13日(日)　16:00~
虹ヶ丘ホールにて
ピアノの発表会
があります。
時間があったら
ぜひ見に来てね
しおり

いますぐまねできる！

ミニレターの折《お》りかた

手紙《てがみ》をかわいい形《かたち》に
折《お》ってみよう！　5cm《センチメートル》×5cm《センチメートル》の
正方形《せいほうけい》の紙《かみ》を使《つか》ってね。

ミニふうとうの折《お》りかた

シンプルな形《かたち》のミニふうとうは、
わたす相手《あいて》を選《えら》ばず使《つか》いやすい！

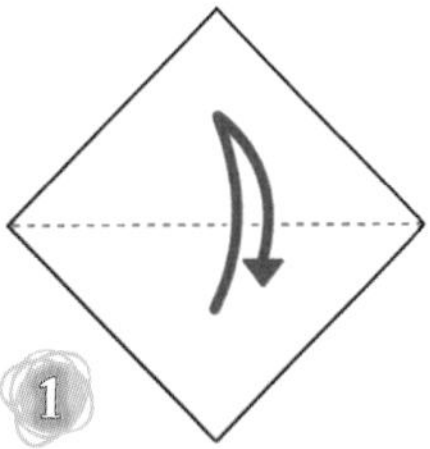

1

よこ半分《はんぶん》に折《お》り、折《お》りすじをつけて元《もと》にもどす。

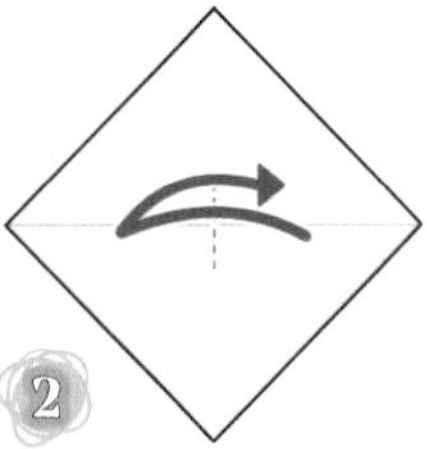

2

たて半分《はんぶん》に折《お》り、真《ま》ん中《なか》だけ折《お》りすじをつけて元《もと》にもどす。

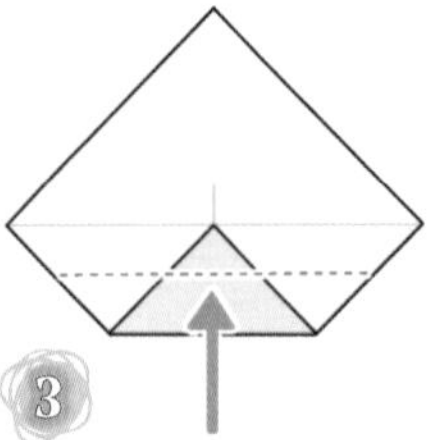

3

①と②でつけた折《お》りすじと下《した》の角《かど》をそろえるようにして折《お》る。さらに折《お》り線《せん》にそって矢印《やじるし》の向《む》きに折《お》る。

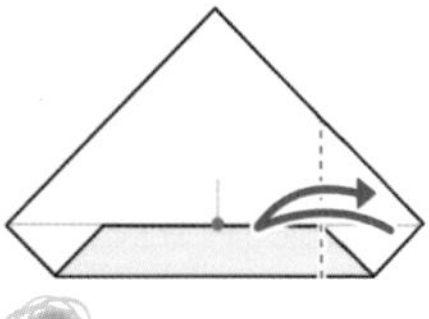

4

折《お》り線《せん》に合《あ》わせて右《みぎ》を折《お》り、折《お》りすじをつけて元《もと》にもどす。

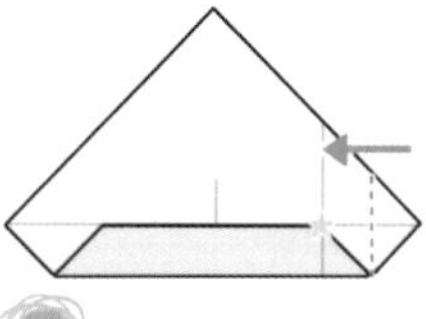

5

★印《じるし》と右《みぎ》の角《かど》をそろえるようにして折《お》る。

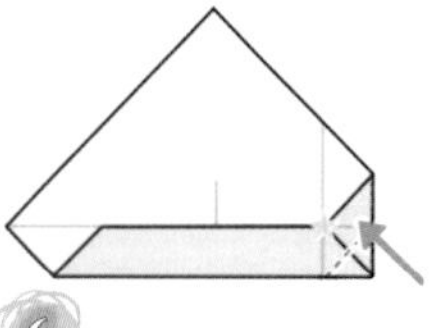

6

★印《じるし》と右下《みぎした》の角《かど》をそろえるようにして折《お》る。

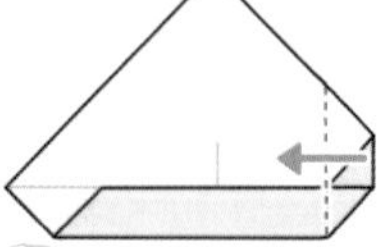

7

折《お》り線《せん》（④でつけた折《お》りすじ）にそって矢印《やじるし》の向《む》きに折《お》る。

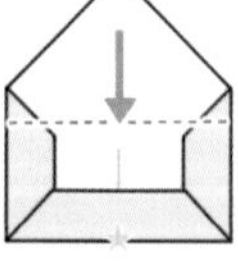

8

左《ひだり》も右《みぎ》と同《おな》じように折《お》る（④～⑦参照《さんしょう》）。★印《じるし》と上《うえ》の角《かど》をそろえるようにして折《お》る。

9

角《かど》を内側《うちがわ》に入《い》れて完成《かんせい》。

折《お》りかたきごう

谷《たに》折《お》り	折《お》りすじをつけてもどす	後《うし》ろに折《お》る（山《やま》折《お》り）
山《やま》折《お》り	うら返《がえ》す	表《おもて》に折《お》る（谷《たに》折《お》り）

ハートの折《お》りかた

愛情《あいじょう》たっぷりのハート形《がた》は
バレンタインや誕生《たんじょう》日《び》におすすめ♥

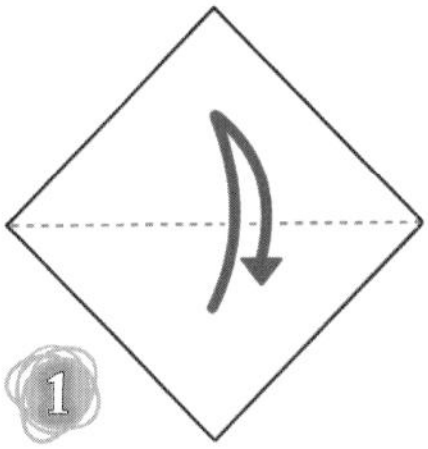

1

よこ半分《はんぶん》に折《お》り、折《お》りすじをつけて元《もと》にもどす。

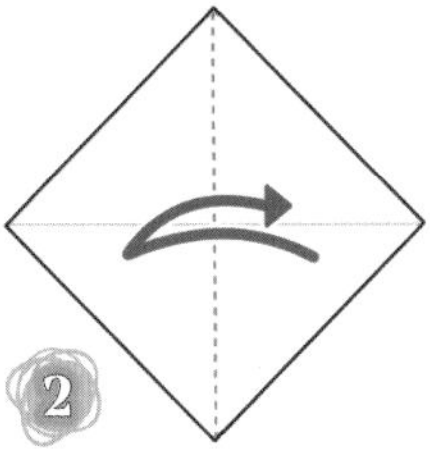

2

たて半分《はんぶん》に折《お》り、折《お》りすじをつけて元《もと》にもどす。

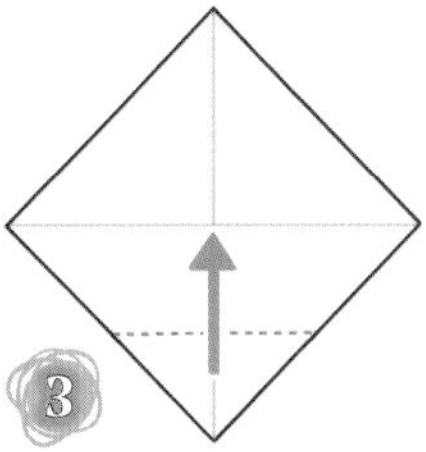

3

①と②でつけた折《お》りすじと下《した》の角《かど》をそろえるようにして折《お》る。

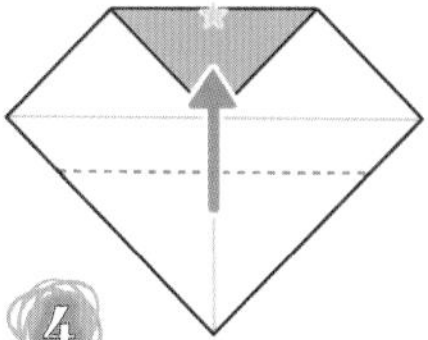

4

上下《じょうげ》を逆《ぎゃく》にし、下《した》の角《かど》と☆印《じるし》をそろえるようにして折《お》る。

5

折《お》り線《せん》にそって右《みぎ》を矢印《やじるし》の向《む》きに折《お》る。

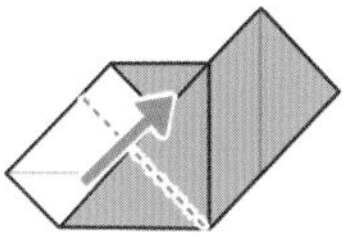

6

折《お》り線《せん》にそって左《ひだり》を矢印《やじるし》の向《む》きに折《お》る。

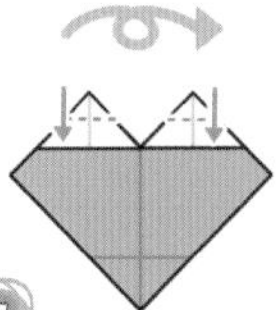

7

うら返《がえ》し、折《お》り線《せん》にそって上《うえ》を矢印《やじるし》の向《む》きに折《お》る。

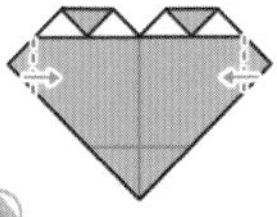

8

折《お》り線《せん》にそって左右《さゆう》の角《かど》を矢印《やじるし》の向《む》きに折《お》る。

9

うら返《がえ》して完成《かんせい》。

ねこの折《お》りかた

動物《どうぶつ》好《ず》きの友《とも》だちや家族《かぞく》には
かわいらしいねこ形《がた》をチョイス☆

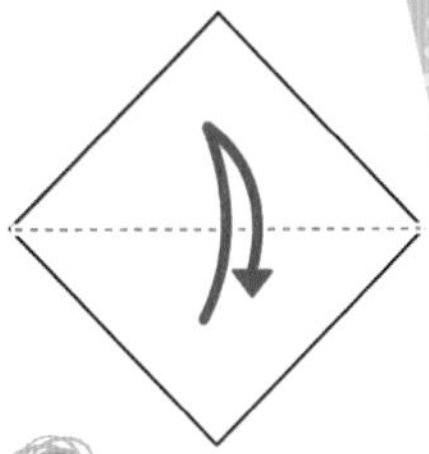

1

よこ半分《はんぶん》に折《お》り、折《お》りすじをつけて元《もと》にもどす。

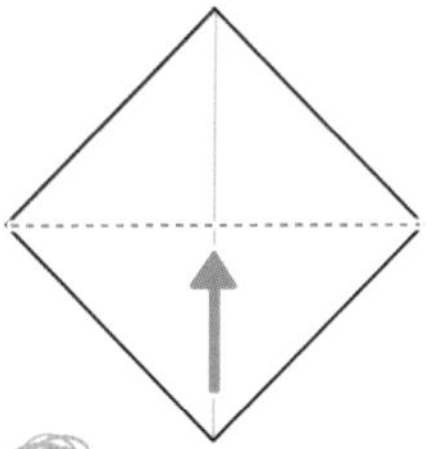

2

90度《ど》右《みぎ》にまわし、さらによこ半分《はんぶん》に折《お》る。

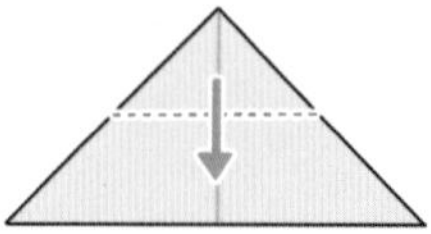

3

折《お》り線《せん》にそって上《うえ》の角《かど》を矢印《やじるし》の向《む》きに折《お》る。

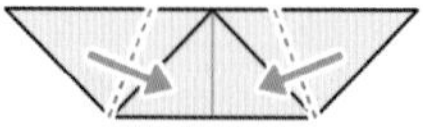

4

上下《じょうげ》をひっくり返《かえ》して折《お》り線《せん》にそって左右《さゆう》を矢印《やじるし》の向《む》きに折《お》る。

5

折《お》り線《せん》にそって左《ひだり》を矢印《やじるし》の向《む》きに折《お》る。

6

折《お》り線《せん》にそって右《みぎ》を矢印《やじるし》の向《む》きに折《お》る。

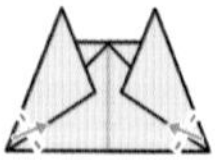

7

折《お》り線《せん》にそって左右《さゆう》を矢《や》印《じるし》の向《む》きに折《お》る。

8

うら返《がえ》し、折《お》り線《せん》にそって左右《さゆう》を矢印《やじるし》の向《む》きに折《お》る。

9

好《す》きな色《いろ》のペンで目《め》、はな、口《くち》、ヒゲを描《か》いたら完成《かんせい》。

アイスクリームの折《お》りかた

暑《あつ》い夏《なつ》には、見《み》た目《め》もすずしげな
アイスクリーム形《がた》でさわやかに。

1

たて半分《はんぶん》に折《お》り、折《お》りすじをつけて元《もと》にもどす。

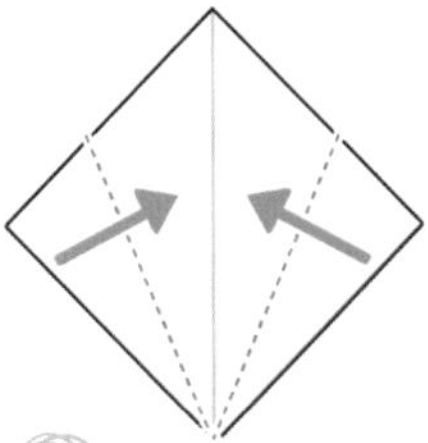

2

①でつけた折《お》りすじに合《あ》わせて左右《さゆう》を矢印《やじるし》の向《む》きに折《お》る。

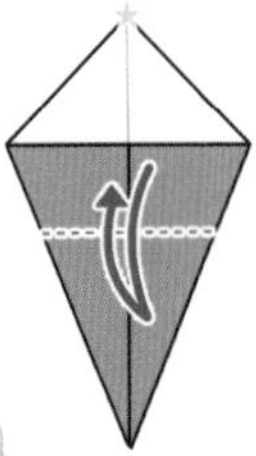

3

下《した》の角《かど》と☆印《じるし》をそろえるようにして折《お》り、折《お》りすじをつけて元《もと》にもどす。

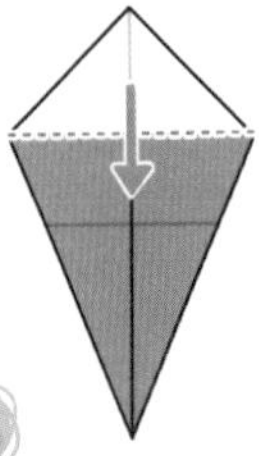

4

折《お》り線《せん》にそって上《うえ》を矢印《やじるし》の向《む》きに折《お》る。

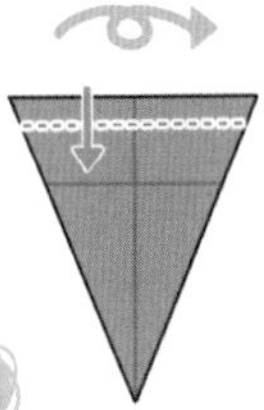

5

うら返《がえ》し、1.4cm《センチメートル》幅《はば》をあけて折《お》り線《せん》にそって矢印《やじるし》の向《む》きに折《お》る。

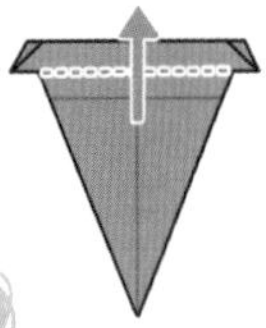

6

折《お》り線《せん》にそって下《した》を矢印《やじるし》の向《む》きに折《お》る。

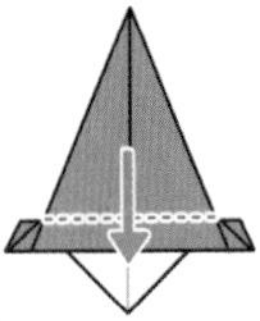

7

折《お》り線《せん》にそって上《うえ》を矢印《やじるし》の向《む》きに折《お》る。

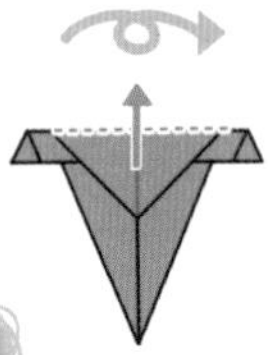

8

うら返《がえ》し、折《お》り線《せん》にそって矢印《やじるし》の向《む》きに開《ひら》く。

9

折《お》り線《せん》にそって上《うえ》と左右《さゆう》の角《かど》を矢印《やじるし》の向《む》きに折《お》り、完成《かんせい》。

「世界《せかい》にたった1つ」のスペシャルアイテム

オリジナルグッズを作《つく》ってみよう!

100円《えん》ショップのアイテムでかんたんに作《つく》れるオリジナルグッズのアイデアを紹介《しょうかい》!

うちわ

材料《ざいりょう》 推《お》しのイラストまたは写真《しゃしん》、デコ用《よう》うちわ、カッティングシート、パーティモール、キラキラシール

道具《どうぐ》 両面《りょうめん》テープ、はさみ、カッター

1

推《お》しのイラストや写真《しゃしん》をはさみで切《き》り、両面《りょうめん》テープでうちわ(表《おもて》)にはる。まわりをキラキラシールや好《す》きなシールでデコる。

2

カッティングシートに文字《もじ》を書《か》き、はさみで切《き》り取《と》る。こまかい部分《ぶぶん》はカッターを使《つか》うときれいに切《き》れるよ。

3

②でカットした文字《もじ》をうちわ(うら)にはり、両面《りょうめん》テープでパーティモールをはったら完成《かんせい》。

キーホルダー

材料《ざいりょう》 推《お》しのイラストまたは写真《しゃしん》(2枚《まい》)、フォトインキーホルダー、ストラップつきキーホルダー、イニシャルシール

道具《どうぐ》 両面《りょうめん》テープ、はさみ

1

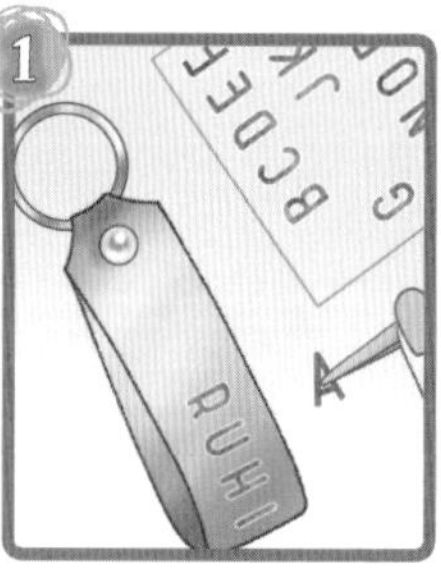

ストラップにイニシャルシールをはる。推《お》しの名前《なまえ》やグループ名《めい》などをはるのがおすすめ。

2

推《お》しのイラストまたは写真《しゃしん》2枚《まい》を両面《りょうめん》テープではり合《あ》わせ、フォトインキーホルダーにはさむ。

3

フォトインキーホルダーに①のストラップを通《とお》したら完成《かんせい》。好《す》きなチャームをプラスしてもOK《オーケー》!

※アイドル応援《おうえん》のうちわには公式《こうしき》のルールがあるよ。作《つく》る前《まえ》に調《しら》べて確認《かくにん》しておこう!

クリアファイル

材料《ざいりょう》 B《ビー》5サイズでプリントした写真《しゃしん》やイラスト、A《エー》4のクリアファイル、A《エー》4のセルフラミネート

道具《どうぐ》 はさみ、ぬるま湯《ゆ》、A《エー》4サイズが入るケース（オーブンの天板《てんぱん》などでもOK《オーケー》）

1

B《ビー》5サイズでプリントした写真《しゃしん》やイラストの印刷面《いんさつめん》を、セルフラミネートの接着面《せっちゃくめん》にはる(セルフラミネートは接着面《せっちゃくめん》だけを使《つか》う)。

2

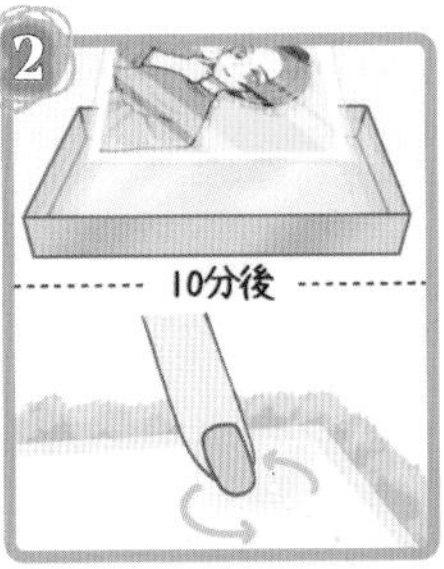

ぬるま湯《ゆ》をはったケースに①をつける。10分《ぶん》たったら、はしから用紙《ようし》を指《ゆび》でこすり、はがす。

3

すべてはがし終《お》わったら、ぬれたままクリアファイルにはる。よぶんな部分《ぶぶん》をはさみでカットし、完成《かんせい》。

マルチ収納《しゅうのう》ケース

材料《ざいりょう》 ファスナーケース、軟質《なんしつ》カードケース、好《す》きながらのマスキングテープ

道具《どうぐ》 両面《りょうめん》テープ、はさみ

1

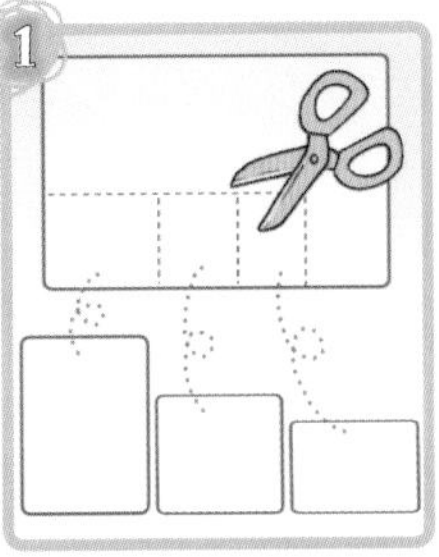

ファスナーケースの大《おお》きさに合《あ》わせて、必要《ひつよう》な数《かず》だけ軟質《なんしつ》カードケースをはさみでカットする。

2

①でカットした軟質《なんしつ》カードケースのまわりに、好《す》きながらのマスキングテープをはっていく。

3

②をうら返《がえ》し、左右《さゆう》に両面《りょうめん》テープをはる。最後《さいご》にファスナーケースの中《なか》にはって完成《かんせい》。

100円《えん》ショップ大調査《たいちょうさ》！

その3

オリジナルグッズを作《つく》りたいときは、
100円《えん》ショップへGO《ゴー》！　便利《べんり》なアイテムがいっぱいだよ。

ミニアルバムキーホルダー

好《す》きなアイドルやペットのかわいい写真《しゃしん》を入《い》れて持《も》ち歩《ある》きたい！

マグネットキット

写真《しゃしん》やイラストをはさむだけでオリジナルマグネットができちゃう！

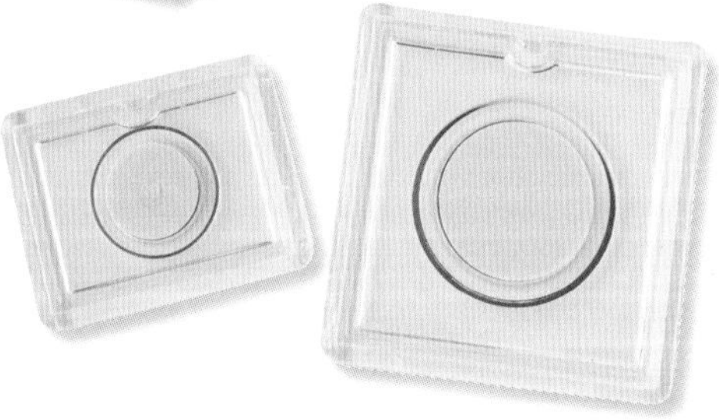

デコうちわバッグ

ライブのおともに♪
透明《とうめい》ポケットにはデコうちわがぴったり入《はい》るよ。

アクリルバッジキット

不器用《ぶきよう》さんも安心《あんしん》☆　推《お》しの名前《なまえ》や写真《しゃしん》を入《い》れてバッジにしよう♡

マステや包装紙《ほうそうし》、ライブの銀《ぎん》テープなどを入《い》れて好《す》きな柄《がら》にチェンジしてみてね☆

オリジナルボールペンキット

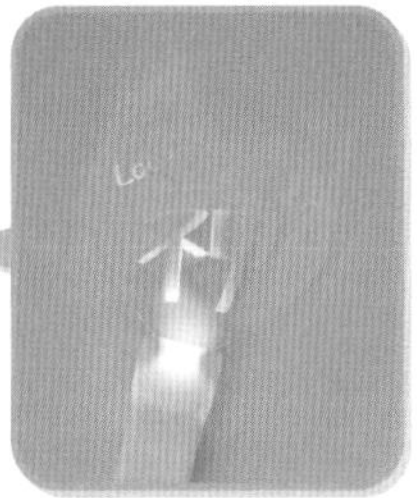

ライブライト

好《す》きな文字《もじ》や絵《え》を描《か》けるオリジナルライト。7色《しょく》に光《ひか》るよ！

はってはがせるステッカーで、写《しゃ》真《しん》をかわいくデコしちゃおう！

フレームステッカー

もうすぐわたしたちは
橘《たちばな》小《しょう》学《がっ》校《こう》を卒業《そつぎょう》する
卒業後《そつぎょうご》はみんな
バラバラの進路《しんろ》
すぐには会《あ》えない
かもしれないし
七海《ななみ》先生《せんせい》とも
お別《わか》れだ…
はぁ——…
何《なに》？ 元気《げんき》ないじゃん、どうしたの？
羽澄《はすみ》が何《なに》を考《かんが》えているかわかるよ～

卒業《そつぎょう》さみしいなってところ？
文字《もじ》や絵《え》を描《か》くことが私《わたし》たちをつなげてくれたよね
うん…みんなと仲《なか》よくなれたのも七海《ななみ》先生《せんせい》のおかげだったなって
七海《ななみ》先生《せんせい》に感謝《かんしゃ》の気《き》持《も》ちを込《こ》めてメッセージアルバムを作《つく》ろうよ！
いいね！

七海《ななみ》先生《せんせい》！
今《いま》まで本当《ほんとう》にありがとうございます…！

10年《ねん》後《ご》
うん、今《いま》最後《さいご》の段《だん》ボール開《あ》けるところ
片《かた》づいたらまた電話《でんわ》するね
ピッ…
はすみちゃんへ……
明日も遊ぼうね♡！
のん♪
…あれ？

これって…
はすみ
日よう……
第二公園
集合ね！
ちゃん
ファイト!!
さやか
たのしかったね
また遊ぼう
橋小メンバー
通話開始
もしもし
みんな？
うん
羽澄《はすみ》だけど…
今《いま》ね…

なぞって！コピーして！使《つか》える

文字《もじ》＆《アンド》イラスト

おすすめの使《つか》いかた

コピーして手帳《てちょう》やノートなどにはる

使《つか》いたい文字《もじ》やイラストがあるページを印刷機《いんさつき》でコピーしてね。はさみなどで切《き》り取《と》って手帳《てちょう》やノートにはってもいいし、好《す》きな色《いろ》をぬってもOK《オーケー》♪

紙《かみ》を重《かさ》ねて上《うえ》からペンでなぞる

好《す》きな文字《もじ》やイラストの上《うえ》に紙《かみ》を重《かさ》ねて、好《す》きな色《いろ》のペンでなぞってみよう。厚《あつ》い紙《かみ》よりもうすい紙《かみ》のほうがなぞりやすいよ！

あなたのアイデアをいかして自由《じゆう》に使《つか》ってね☆

手帳《てちょう》やカレンダーに

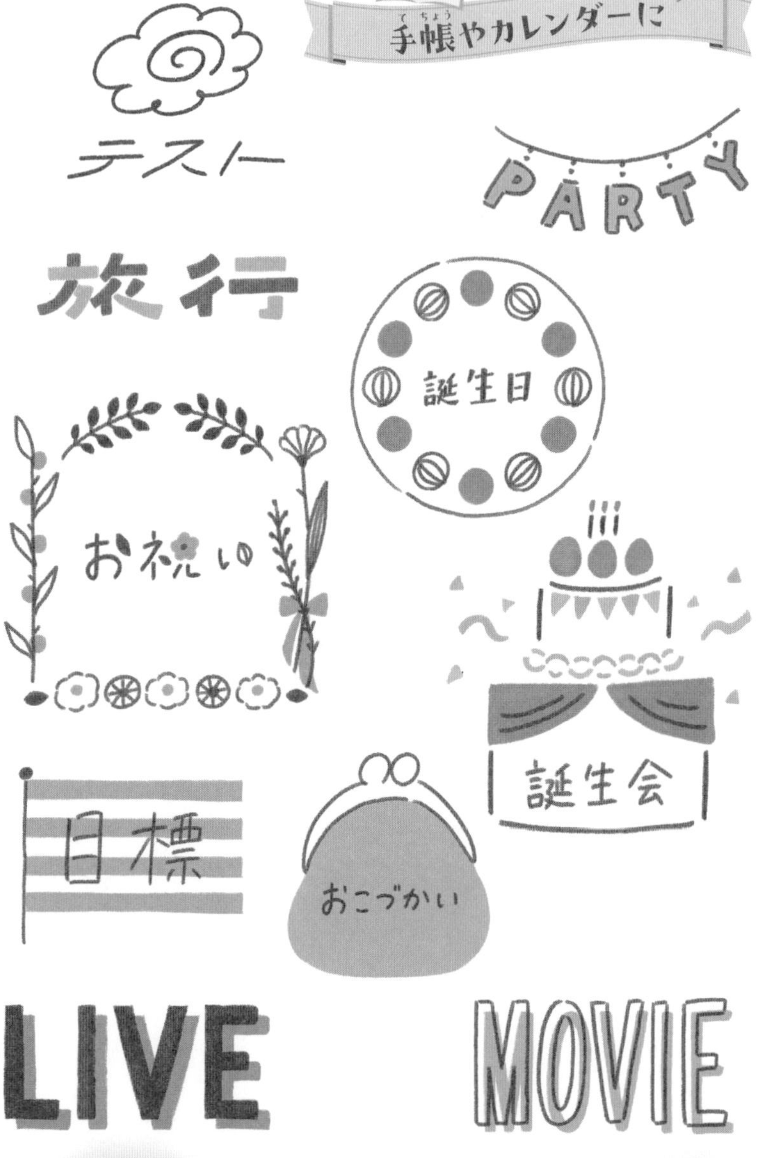

母の日

父の日

Summer
Break

ハロウィン

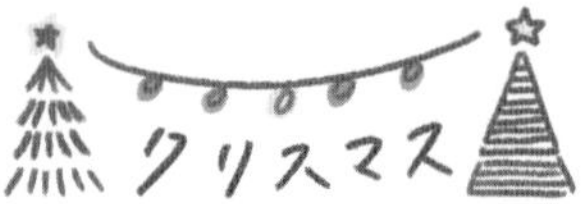

クリスマス

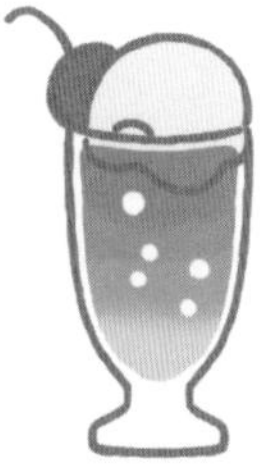

ZOO

手紙《てがみ》やこうかんノートに

ドキドキ

すごい!

ステキ

めっちゃ

Sorry

サイコー!

ヒミツ

FRIEND

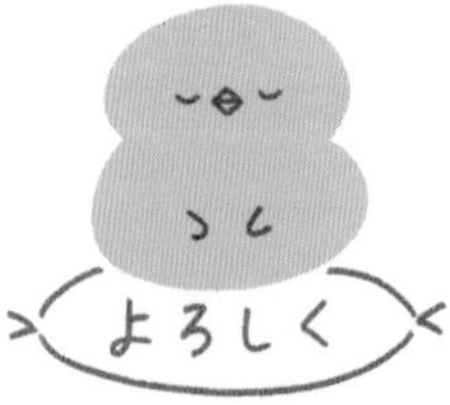

しんぱい
がんばれ！
オドロキ
友だち
Hello
ありがとう
Happy
あそんでよ
たのしみ
いいね！
ルンルン
HAPPY
うきうき
ワンダフル！
OK

感謝
Thank you!
ありがとう
ガーン
がっかり
しくしく
ごめん
Sorry…
つらい…
おわびします
えっ!?
ちらっ…
心配デス

推《お》し活《かつ》や趣味《しゅみ》ノートに

最高
やった〜
うれしい
しあわせ
きゅん
ほわほわ

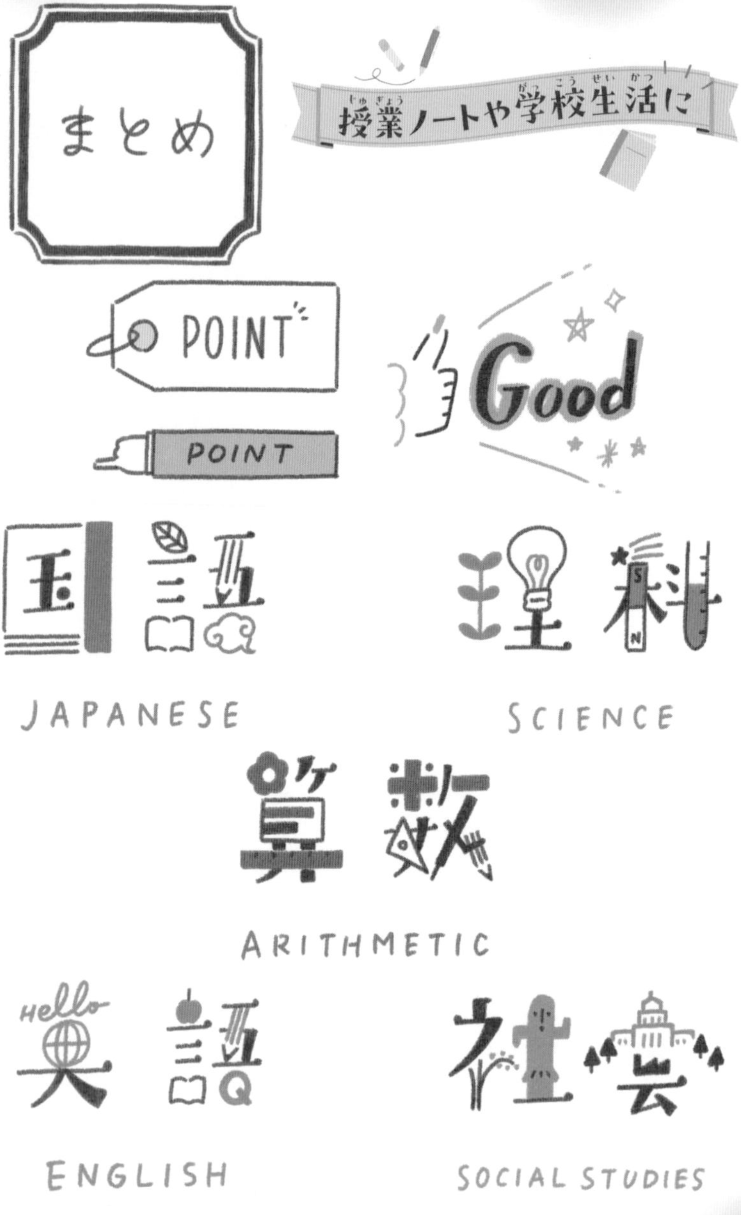
授《じゅ》業《ぎょう》ノートや学《がっ》校《こう》生《せい》活《かつ》に
まとめ
POINT
POINT
Good
国語
JAPANESE
理科
SCIENCE
算数
ARITHMETIC
hello
英語
ENGLISH
社会
SOCIAL STUDIES

教室

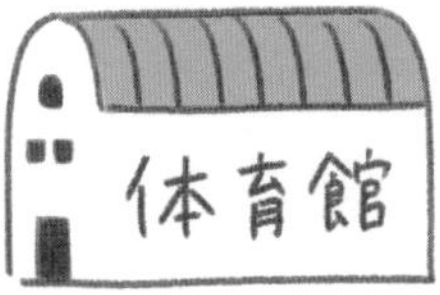
体育館

校舎

宿題

給食

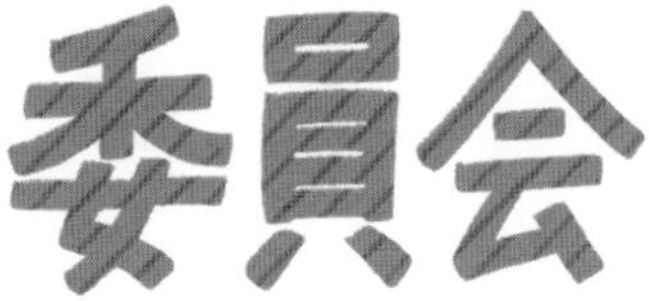
委員会

日直

新学期

RENRAKU
連絡

学級
目標

DANCE
VOLLEY
BALL
BASKETBALL
Baseball
SWIMMING

ちょっとしたメモやカードに

STAFF

★マンガ　双葉《ふたば》　陽《はる》

漫画家・イラストレーター。『りぼん』（集英社）、『まんがタイムきららMAX』（芳文社）などで活躍中。V Tuberの「歌ってみたMV」なども手がける。

X ID : @futaba_haru

★マンガアシスタント　三朝あさ　ふじからま　MeSo　あまのとう（順不同）

★イラスト　レッスン1：岡本愛以（キース）

レッスン2：こかぶ、星乃屑ありす

レッスン3：ちゃの鮎美

プラン1〜3：そな

★デザイン　佐々木麗奈　大伴奈都子（東京カラーフォト・プロセス）

★DTP　大島歌織

★カバーデザイン　村口敬太（Linon）

★編集協力　高本亜紀

★執筆協力　ミナミノマリコ

★撮影　北原千恵美

★校正・校閲　株式会社ぷれす　村上理恵

まいにちがもっと楽しくなる！
【ハピかわ】
文字・イラストBook

編　者　はぴふるガール編集部
マンガ　双葉 陽
発行者　池田 士文
印刷所　図書印刷株式会社
製本所　図書印刷株式会社
発行所　株式会社池田書店
〒162-0851
東京都新宿区弁天町43番地
電話 03-3267-6821（代）
FAX 03-3235-6672

落丁・乱丁はお取り替えいたします。

ISBN 978-4-262-12878-8

［本書内容に関するお問い合わせ］
書名、該当ページを明記の上、郵送、FAX、または当社ホームページお問い合わせフォームからお送りください。なお回答にはお時間がかかる場合がございます。電話によるお問い合わせはお受けしておりません。また本書内容以外のご質問などにもお答えできませんので、あらかじめご了承ください。本書のご感想についても、当社HPフォームよりお寄せください。

［お問い合わせ・ご感想フォーム］
当社ホームページから
https://www.ikedashoten.co.jp/

24000002